商业新闻出版公司和轻松读文化事业有限公司提供内容支持

创新有章可循

轻松读大师项目部　编

中国盲文出版社

图书在版编目（CIP）数据

创新有章可循：大字版 / 轻松读大师项目部编．—北京：中国盲文出版社，2019.12

ISBN 978-7-5002-9386-6

Ⅰ.①创…　Ⅱ.①轻…　Ⅲ.①企业创新　Ⅳ.①F273.1

中国版本图书馆CIP数据核字（2019）第269273号

本书由轻松读文化事业有限公司授权出版

创新有章可循

编　　者：轻松读大师项目部
出版发行：中国盲文出版社
社　　址：北京市西城区太平街甲6号
邮政编码：100050
印　　刷：北京建筑工业印刷厂
经　　销：新华书店
开　　本：787×1092　1/16
字　　数：65千字
印　　张：9
版　　次：2019年12月第1版　2019年12月第1次印刷
书　　号：ISBN 978-7-5002-9386-6/F·187
定　　价：36.00元
销售热线：（010）83190297　83190289　83190292

出版前言

数字文明为我们求知问道、拓展格局带来空前便利，同时也使我们深受信息过剩、知识爆炸的困扰。面对海量信息，闭目塞听、望洋兴叹固非良策，不分主次、照单全收更无可能。时代快速变化，竞争不断升级，要想克服本领恐慌，防止无知而盲、少知而迷，需尽可能将主流社会的最新智力成果内化于心、外化于行，如此才能更好地顺应时代，提高成功概率。为使读者精准快速地把握分散在万千书卷中的新理念、新策略、新创意、新方法，我们组织编写了这套“好书精读丛书”。

这套书旨在帮助读者提高阅读质量和效率。我们依托海内外相关知识服务机构十多年的持续积累，博观约取，从经济管理、创业创新、投资理财、营销创意、人际沟通、名企分析等方面选取数百种与时俱进又经世致用的好书分类整合，凝练出版。它们或传播现代经管新知，或讲授实用营销技巧，或聚焦创新创业，或分析成功者要素组合，真知云集，灼见荟萃。期待这些凝聚着当代经济社会管理创新创意亮点的好书，能为提升您的学识见解和能力建设提供优质有效便捷的阅读资源。

聚焦对最新知识的深度加工和闪光点提炼是这套书的突出特点。每本书集中解读 4 种主题相关的代表性好书，以“要点整理”“5 分钟摘要”“主题看板”“关键词解读”“轻松读大师”等栏目精炼呈现各书核心观点，崇真尚实，化繁为简，您可利用各种碎片化时间在赏心悦目中取其精髓。常读常新，明辨笃行，您一定会悟得更深更透，做得更好更快。

好书不厌百回读，熟读深思子自知。作为精准知识服务的一次尝试，我们期待能帮您开启高效率的阅读。让我们一起成长和超越！

CONTENTS

目录

试着逆向思维。你有一个很棒的解决方案，这个方案还可以解决什么其他问题？是不是也应该有一个问题库，存储员工希望得到解决的问题？如果你找到一个问题的答案，你可以检视问题库，看看还有没有其他问题也可以一并解决。

创新者的解答 / 35

花在产品研发上的钱，大约 3/4 会“贡献”给失败的产品。为什么会白费这么多钱呢？部分原因在于公司一般会依据人口统计数据或产品属性来区分市场，而不是依据顾客究竟会不会掏钱购买来进行。

创新看得见 / 67

当其他人似乎满足于“左转”时，创新家觉得一定要“右转”——逆主流而行，背离常识，打破公认模式，宰杀圣牛，质疑毫无疑问的事情，修复还没坏掉的东西，将看起来不可能的变成可能……好吧，就是要“不同凡想”。

做个原创者 / 99

起点就是好奇心：思索为何会有这样的预设选项。当我们感觉犹如初见时，我们会去质疑预设选项。似曾相识是我们遇到一件新事物，却似乎感觉曾在哪里见过；犹如初见则相反——我们面对某件熟悉的事物，但是从新的角度去看，我们就可能发现绝佳的新构想。

解放你的创意脑

Why Not?

How to Use Everyday Ingenuity to
Solve Problems Big and Small

原著作者简介

拜瑞·奈尔巴夫（Barry Nalebuff），耶鲁商学院经济学与管理学教授、博弈论专家，曾撰写过大量有关博弈论的著作，并将其应用到企业决策中。也是诚实茶公司的董事长和共同创办人，该公司曾被《企业》杂志评为美国成长最快速的企业之一。毕业于麻省理工学院和牛津大学。

伊恩·艾瑞斯（Ian Ayres），计量经济学家、律师、耶鲁法学院与管理学院教授，被认为是同时代人中最多产、作品被引用次数最多的法学教授。其著述涵盖专利、破产、企业、合同、民权法等领域。也是《福布斯》杂志专栏作家、美国公共广播电台节目《市场情报》的固定嘉宾。毕业于麻省理工学院。

本文编译　何如意

主要内容

一　产出创新点子的 2 套基本方法

要跳出框架，可以利用一个简单且经常使用的架构。大部分新点子本身并不全然是原创。实际上，大部分商业创新来自寻找解决方案或新的问题，诀窍在于如何使用 2 套基本的创新方法。

真实世界的创新程序如下：

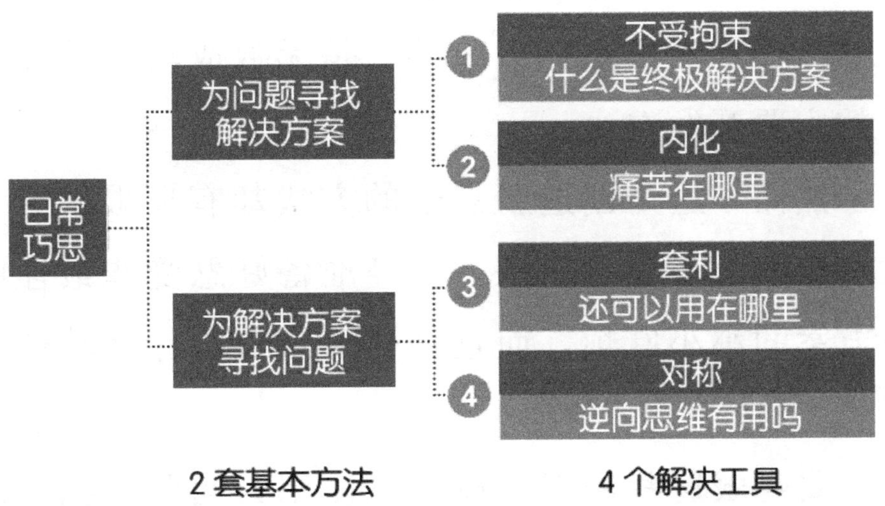

创新者一般都很擅长看出其他人面临的问题，并将其当成自己的问题。他们会记下别人视而不见的不便和问题，并不将接受现状作为唯一的选项。他们会设法解决问题，启动一个循环。

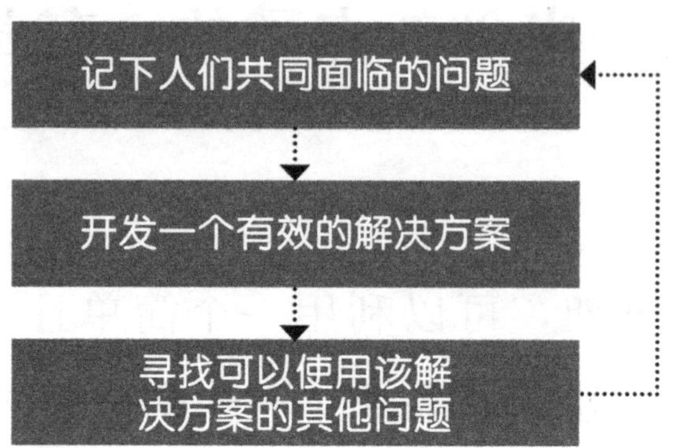

看到问题后，第一步通常是检视当事人是如何解决这个问题的。他们的解决方案往往笨拙、不完美，但却是研发有效、务实方案的好起点。把当事人已经在用的方法加以改善，是无数成功产品和服务的主要开发方法。

然而，这个创造新点子的方法却有局限。因为大部分消费者资源有限，已经准备好忍受非最佳解决方案的小小麻烦，而且真的不知道有什么其他可行的方法。

要克服这些局限，你可以使用为问题寻找解决方案的 2 个解决工具，即不受拘束和内化，具体操作如下：

（1）你可以观察一个资源无上限的消费者——对他来说价格不成问题——在面对该问题时会怎么做。其最佳解决方案很可能不是最实际的，因为在真实世界，价格是很重要的因素。但它可以鼓励大胆思考，还可能形成比较廉价的解决方案。比如假设一个人可以买下洛杉矶一个地方电视台的收视权，从而可以随时想看什么影片就看什么影片。

（2）你可以记下消费者经常犯的错误，然后想出方法，内化所有外部效应。换句话说，你可以找出系统中效率不彰的地方，并用更公平的方式分享益处。例如，百视达常常出现新片被借光的状况，因为大家都想一睹为快。为了解决这个问题，百视达和电影制作公司达成共同分享营收的协议，百视达以40％的租金收入换取电影公司提供大量新片。这对消费者、电影公司来说是双赢的结果，对百视达来说也是。

这两个解决工具都以开发有效的解决方案为创新之道。然而有时候问题更加微妙，你也许可以与传统做法背道而驰，尝试为解决方案寻找问题。这是为一个已知的变量（你的解决方案）寻找你自己都不知道你已经解决了的问题。

为解决方案寻找问题的2个解决工具，即套利、对称，具体操作如下：

(1) 你可以试着将一个在某个情况下有效的解决方案用来解决另一个存在已久但一直被忽视的问题。例如，一家杂货店可能注意到为频繁出行的航空旅客而设的快速登机通道，然后为最常上门的顾客开设专用结账通道。又比如好莱坞可能注意到影片的航空旅客版本很受家长喜爱，从而让它们的影片包含两个版本——一个成人版、一个儿童版。

(2) 你可以刻意换一个角度去看一项产品或服务，看看在主流市场之外是否存在一个可以服务的利基。即使换一个角度不会产出更好的解决方案，也仍可能帮助提出其他问题，对此你或许已经拥有一个早就完成的解决方案。例如，Priceline.com完全改变了卖方设定价格的一般商业做法。它让消费者提出他们愿意购买的价格，然后卖方再决定是否以那个价格出售。这是逆向思维威力的绝佳案例。

说到创新，大部分人以为是找到一个绝佳的新点子来使用。这是很有意义的目标，但是许多商业上的创新则是聚焦于老早就存在，只是没有人真正注意到的解决方案在商业上的应用。

科学不过是把日常所思加以精炼。

——爱因斯坦

◆一些人面对事情本来面貌会问为什么，我则是梦想一些根本未存在过的事物，反而觉得有何不可呢？

◆明白事理的人使自己适应世界，不明白事理的人坚持让世界适应自己。因此，一切进步来自不讲理的人。

——萧伯纳

发明就是看见每个人都看得见的东西，但却想到别人想不到的。

——圣捷尔吉·阿尔伯特

诺贝尔生理学或医学奖得主

乐观可能让你看起来很笨，但悲观一定会让你变得愤世嫉俗。

——柯朗·费雪

正确陈述的反面是虚假陈述，深奥道理的反面却可能是另一个深奥道理。

——尼尔斯·波耳，丹麦物理学家

◆现在，你可能会问，创新点子就只有这4种工具吗？答案很清楚。关于科学发明，长期以来已有丰富的方法论——通过系统、艰苦的试验，逐步发现新的事实。但是我们是为了发现那些其实已经存在，只是还没被付诸实践的解决方案。爱迪生有句名言：天才是99％的汗水加上1％的灵感。对于特定的发明，他无疑是正确的。但是还有其他类型的发明，灵感和态度才是更重要的力量。我们专注于寻找等待利用的杰出点子。我们并没有说这是一套把独创性常规化的独门技术，我们也不想尝试解决所有问题。有的解决方案可能需要进行艰苦的试验，有的则可能需要灵光一现。我们的核心主张只是熟练掌握这2套基本方法，帮助你培养一种思维方式，以想出新点子解决真实世界的问题。

◆创新不能只靠专家或高深的学问。创新不只是由上而下，也可以由下而上，甚至旁逸斜出。事实上，非专家有时候更可能摆脱传统观念的束缚。当你根本不知道框架在哪里时，你就更容易摆脱框架，独立思考。不知道事情就是那么回事或是曾经试过却失败，这样的人更可能想出专家想不到的新点子。

◆让我们先发制人，反对那些否定一切的牢骚大王。他们可能说如果那个点子那么好，为什么没有人早就做了？这是一个中肯的问题。它是所有创投家惯用的测验。错就错在妄下结论，以为那个点子以前没人用过，就肯定有问题。以为所有好点子都已经被想到是很荒谬的，然而人们却不断陷入这种误区。

◆知识管理是汇整组织懂得什么的过程。如果员工遇到问题，就可以查阅公司的资料库，了解其他人曾经使用过哪些解决方案。因此，知识管理是一种工具，可以协助员工发现问题的解决方案。试着逆向思维。你有一个很棒的解决方案，这个方案还可以解决什么其他问题？是不是也应该有一个问题库，存储员工希望得到解决的问题？如果你找到一个问题的答案，你可以检视这个问题库，看看还有没有其他问题也可以一并解决。我们称此逆向探索为无知管理。

◆经济一直把科技当作创新的发动机。但是一味强调高科技、生物科技、网络也意味着日常生活中出现的创意往往被忽视。历史上处处可见来自日常思考的伟大发明。

◆寻找、辨识问题常常是关键的步骤。辨识问题的最佳方式之一是留意有什么东西让你或其他人感到烦恼。创新者不能习惯于烦恼并接受现状，他必须敏于感受不愉快，并同情他人长期忍受不快。要努力寻求满意的结果，接受“事情就是那样”则是进步的丧钟。

◆培养解决问题和水平思考的常用方法就是处理虚构的问题和做脑筋急转弯问题。我们和大家一样很喜欢脑筋急转弯问题。但是想出一个问题的解决方案，使之变成实实在在的成果更令人开心。简而言之，解决实际问题比解决虚构问题更有趣，更富挑战性，也更有回报。何不想象一下，如果你有权在通用汽车、国税局、一套医保方案或是电信公司做一些改变，你会怎么做？当然，你不必开设一家新公司，赚到钱后才知道如何创新。持续寻找更新更好的方式去处理事情，不仅是一项需要培养的技能，更是一种生活方式。你开始这么想以后，它很快就会成为你的第二天性。事实上，你在组织里被视为点子王就值回票价了。

——拜瑞·奈尔巴夫　伊恩·艾瑞斯

二　解决问题的 4 个工具

创新可能不必如你以为的一定要高科技且很复杂，许多非常优秀的商业点子实际上只是把日常所思加以精炼。换句话说，把巧思用在为一般问题寻找务实的解决方案的老派做法，可能也不是你以为的那么过时。

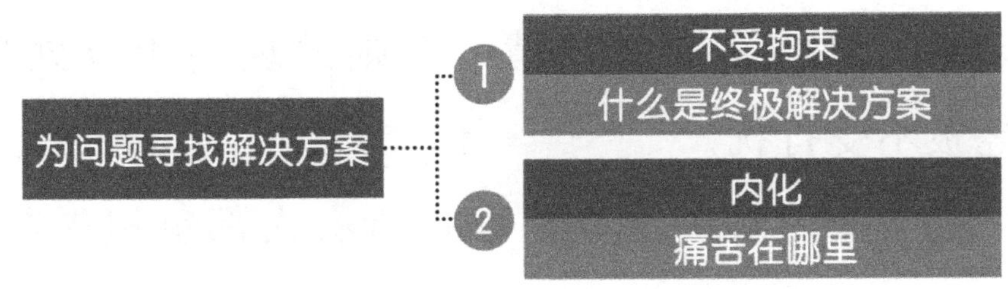

1. 不受拘束——什么是终极解决方案

这个工具是想象一个极其富有的消费者会如何解决问题。如果钱不是问题，那么终极的解决方案会是什么呢？接着便是想出方法，提供大众更容易负担得起的解决方案。

许多公司会注意顾客的产品使用情况，或看他们如何误用产品，以期发现是否有新的应用可能。那些临时起意的解决方案可以进行改良和标准化，理所当然地成为产品。接下来的挑战便是如何将方案自动化、标准化和简约化，使之成为比较经济且务实的产品。

◎案例：午夜时不想接电话。

问题：每个人都可能曾经被半夜里拨错号的电话惊醒。如果你只是挂掉，对方却会一直拨，直到接通为止。

终极解决方案：一个有钱人，例如唐纳德·特朗普，会雇用个人助理一天 24 小时全天候接听电话。除非真的有紧急事情，否则助理会予以处理，让老板不受打扰。

更务实的解决方案：不是所有人都负担得起雇用个人助理的成本，因此一个更务实的点子是准备一个电话筛选系统，在指定时间段用一段话答复："你打到特朗普家了，我们在家，但是现在不想被打扰，请您留言。如果情况紧急，请按'0'，我们的电话就会接通，请确保一定是紧急情况。"这样，来电就会被过滤，或是转至留言系统以便日后查询，但紧急电话仍然可以打通。

◎案例：抵押贷款再融资。

问题：利率下降时，以固定利率抵押贷款进行融资是很合理的事。秘诀是抓对时机，并且尽量避免所有可能产生的法律、产权、保险、评估等费用。

终极解决方案：雇用一位财务经理为你料理所有细节，追踪利率并执行。

更务实的解决方案：银行可以开发一种固定利率的抵押贷款，只要利率降幅大到值得这么做时便会自行再融资，因为银行本来就拥有所有必要的信息，可以对顾客是否应该再融资做出正确决定。通过自动执行，与顾客的关系便会得到强化。银行还可以收取小额的服务费，建立额外的营收。银行也可以确保顾客不会有任何诱因把未来的银行业务带去别的地方。

◎案例：预约提醒电话。

问题：许多人忘记定好的约会。

终极解决方案：雇用一位私人助理管理约会日程，提醒你即将到来的约会，并且确保你会在正确的时间出现在正确的地方。

更务实的解决方案：一个以电话为主的语音系统可以让你给自己发个人化的提醒信息。它可以在你指定的时间提醒你该去哪里，还可以用来提醒你周年纪念、生日等。你也可以把电话提醒当作早晨的闹铃系统，或者提醒你在正确时间服药。在工作了一周之后，你也可以给自己一个语音留言，细数你下周必须处理的事项。

◆看资源有限的消费者如何想出低成本的解决方案或创新应用，也是寻求日常巧思的宝贵工具。我们也可以想象毫无资源限制的消费者，以通往可能从来不曾想过的解决方案。

◆一个解决问题的简单方式是让别人先解决它。你只要找到那个“别人”就好了。如果有人已经为你把困难的部分完成，为什么还要自己原创呢？

◆虽然留意顾客可以提供珍贵的或是不怎么有用的深入见解，但这毕竟不是一切。如果你只做这些事，就会遗漏许多解决方案。你可能观察了错误的顾客，甚至相信他们可以自己解决问题。因此，我们想提出一种较实惠却更具广泛意义的方法来观察顾客：留意一个假设的顾客会做什么事。既然顾客是想象出来的，这个方法也就不用花什么成本。

——拜瑞·奈尔巴夫　伊恩·艾瑞斯

2. 内化——痛苦在哪里

这个工具意味着原创点子可以来自观察人们什么事情做得不好。这个情况其实很常见，因为人们被赋予了错误的动机。人们追求一个目标，会以放弃其他同样重要的目标为代价。寻找错误的动机，你就有机会想出更好的解决方案。

有了错误的动机，人们就会失去效率。例如，一个人很可能忽略自己的决定对他人造成的影响，其做出的决策对自己来说像是好的，却可能给他人带来问题。事实上没有任何诱因让他感受到他人的得失，结果他会持续忽视外部效应，做出坏的决策。

一旦找出某个问题，开发解决方案通常就很简单了——重新调整激励机制，更好地反映外部效应。

◎案例：汽车保险。

问题：你一年内开车的里程数越多，你遭遇交通事故的概率就越大。但是汽车保险并不会随里程数变化——就算你开的里程数很少，而有人每天开车上路，你们都是缴一样的钱。

解决方案：以里程数为单位卖汽车保险，而不是每年收取固定的保费。这意味着每年开车里程数少的人不必再资助那些里程数多的人。因为车辆的保费提高了，人们就会取消不必要的出行。这种按里程数计费的保险可以采取以下收费模式：

其一，如一位经济学家所建议，把保费包含在购买轮胎的费用中，因为轮胎的磨损程度与里程数成正比。

其二，把汽车保险纳入汽油费，但这个方法只有在你无法跑到其他地方购买更便宜的汽油时才有效，而且保险费受燃料效率影响。

然而，行驶多少里程花多少保费的最终结果将是，大约一半的顾客会比现在付出更高的保费，而现行的商业模式是由里程数少的顾客补贴里程数多的顾客。

换到别家保险公司是十分容易的事，因此没有保险公司愿意在竞争市场上得罪一半的顾客。很明显，除非政府强制，否则汽车保险不可能出现改变。

如果一家新的保险公司针对女性顾客（她们平

均里程数较少），提供依里程数计费的汽车保险，那么这种差异化营销就有可能成功。现在技术也做得到了，通过GPS装置可以准确追踪一辆汽车的行驶里程。问题只在于如何找到合适的方法解决隐私权保护问题，因为人们一直反对汽车监控。

◎案例：汽车报警器和防盗报警器。

问题：如果车主购买名为 The Club 的方向盘锁，并用在他们的车子上，那么盗车贼就可能走到下一条街去偷另一辆车子。如果车主安装 Lojack 这种无声侦测系统，警察就可以追踪到被偷的车辆，将盗车贼逮捕归案。简单来说，购买 The Club 帮了车主却害了其他人，而购买 Lojack 则可以帮到其他人，但是车主并没有任何经济上的诱因去购买 Lojack。

解决方案：很明显，关键是重新调整诱因，让 The Club 的买主感受到转移犯罪的痛苦，并且让 Lojack 的买主分享到其他人得到的好处。可以这么做：

其一，对两个装置都课税，并且补贴 Lojack 的购买。

其二，强制要求保险公司对安装 Lojack 系统的车辆在盗窃险上给予相当的折扣。

当然，保险公司不愿意自行补贴 Lojack 的购买，因为这么做反而会让它们的竞争对手得到降低理赔金的好处。因此，这就需要某种形式的政策法规。

◎案例：电视广告。

问题：广告主只关心产品销售。他们没有诱因让自己的广告变得有趣。也就是说每个小时有 15～20 钟的时间，电视台播放的广告没有一定要很好看的诱因。

解决方案：当一则广告不好看时，观众会在广告时段转台看别的更好看的节目。如果能够监控换台的状况，就可以对广告主依照广告时段有多少人换台来计费。如果广告很有趣，很少观众换台，就可以收取较少的广告费。如果有大量的观众在广告时段换台，就可以收取较高的费用。

◎案例：班机准时的表现。

问题：1987 年，美国交通部开始公布美国主要航空公司的准时抵达表现。有的航空公司改变营运来提高排名，但有些公司却只是把每架飞机的抵达时间加了 20 分钟的富余。它们只是给了自己一个时间上的缓冲，却没有真正改变表现。

解决方案：把每趟航程的飞行时间标准化，而不是让各个航空公司决定什么叫准时。或者按行李抵达传送带的时间算，而不是飞机抵达机场的时间。

通过寻找买家或卖家效率不彰的行为，我们可以系统地找出问题和解决问题。我们可以寻找造成外部伤害却带来内部利益的行为，那就是问题所在。一般常见的问题是误导或缺乏诱因——买家或卖家都没有考虑他们的决策造成的外部成本。因此，解决方案是把那些外部效应加以内化。

——拜瑞·奈尔巴夫　伊恩·艾瑞斯

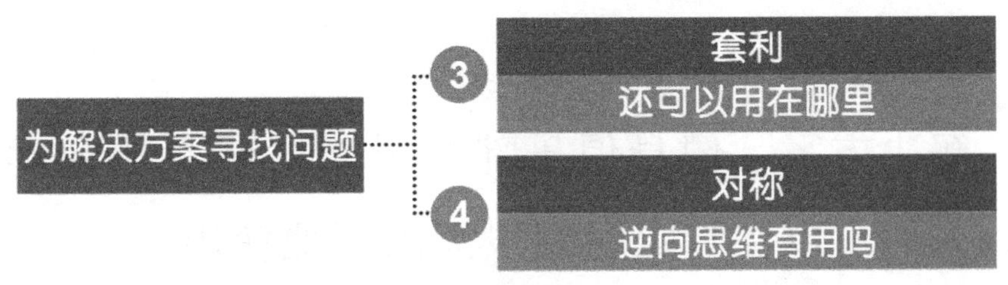

3. 套利——还可以用在哪里

有时候，从问题着手没什么帮助。你可以先有解决方案，再想想这个解决方案还可以处理哪些已经存在的问题。也就是以更好的方式处理以前人们没有注意到的问题。通过寻找解决方案的新应用，你可以开发一些非常创新的点子。

这个工具的好处是多功能性。你可以看你自己的解决方案是否可以解决别人的问题，或是用别人开发的解决方案来试着解决你自己的问题。

你应该到哪里寻找新的解决方案呢？

· 看其他国家或地区的人面临同样的问题时如何处理。

· 看你的邻居或朋友处理问题时运用的优秀的、合乎常理的点子。

· 寻找在某个产业有效，却从未在其他领域应用的解决方案。

◎案例：电影院门票。

解决方案：健身俱乐部和滑雪度假胜地会卖季票，人们可以在特定时间段无限制地使用。

潜在应用：何不在电影院也采用这种方式？在法国和英国已经有实际案例可循，而且事实证明，这种方案非常受消费者欢迎。

◎案例：企业标志邮票。

解决方案：在加拿大和澳大利亚，你可以拥有自己企业标志的邮票。这些邮票可以合法地用于寄送信件等。

潜在应用：允许企业把自己的标志印在邮票上。企业可以补贴邮资成本。例如，如果麦当劳在每一张邮票上花10美分印自己的企业标志，省下邮资的消费者便会热烈欢迎。

◎案例：超速指示器。

解决方案：在新加坡，出租车车顶上安装有黄色车灯，在车辆超速时黄灯会闪烁。这样，警察就不必再使用雷达来监控超速的车辆。

潜在应用：许多偶尔借车给家中青少年的父母，也许会喜欢类似的装置。

◎案例：儿童托管服务。

解决方案：宜家家居提供儿童托管服务。这种做法让父母不必在有购物冲动，或逛到最后一分钟时还担心孩子照看的问题。他们可以在店里待久一点，店家也有更多机会卖给他们更多商品。

潜在应用：电影院和影城也可以提供收费的儿

童托管服务。可以给父母提供一个呼叫器，孩子出现紧急情况时便可以立即通知他们。父母在影城看电影时，孩子也可以在托管处观看普通级的影片。

◎案例：书店咖啡馆。

解决方案：大部分书店现在都有店内咖啡厅，这可以鼓励消费者待久一点儿，多买书。

潜在应用：在公共图书馆设置咖啡厅，鼓励更多人前来，更常使用图书馆。图书馆也可以采用百视达的做法，在畅销书刚出版时立即采购多册，然后在需求消退时，再把多余的书卖到二手书店。还有，图书馆为何不能卖书呢？在图书馆设置书店是很合理的事，甚至可以鼓励人们看完书之后，再把它们捐赠给图书馆。

◎案例：黑匣子。

解决方案：民航机上有一个黑色的飞行记录器（更精确地说是事故记录器）。在发生事故后，调查人员可以了解事故如何发生，以便未来加以防范。

潜在应用：汽车也应该安装类似的盒子。这样，汽车制造商可以分析、了解事故如何发生，是车辆设计瑕疵，还是马路设计不良，或是驾驶不当。还有一个额外的好处是，司机如果知道他们的驾驶情况后来会被详细分析，他们的“马路行为”也会有所节制。

◎案例：视频简历。

解决方案：视频约会服务——人们制作一段视频向可能的对象介绍自己，实践证明这种方式非常受欢迎。人们大多喜欢在约会前先看视频，而不是冒险赌一把。

潜在应用：制作一个以视频为主的简历。除了单纯列举之前的工作，求职者还可以描述从每个工作中学到了什么。视频简历可以轻易地添加到电子申请表格中，潜在雇主可以在勾选合格人选时观看。

评论一个人要看他提出的问题，而不是答案。

——伏尔泰

提出问题和回答问题是完全不一样的技能。有的人比较擅长解决问题，而不是找到好问题来解决。我们通常以为解决问题是在搜寻解决方案，但是我们也可以通过寻找问题来解决问题——寻找我们可以用特别聪明的解决方案来解决的问题。我们学会发现问题后，就可以在寻找问题、寻找答案之间自由切换。有时我们可能从一个特定的问题开始，然后寻找解决方案，有时却可能反过来，询问有没有哪种解决方案只要稍加调整，就可以解决特定问题。

——拜瑞·奈尔巴夫　伊恩·艾瑞斯

4. **对称——逆向思维有用吗**

对于每个优秀点子，再尝试往相反方向想，有可能创造更好的点子。商界充满对称性，却没有人想要尝试。可以利用和主流思维完全相反的逆向思维，随时寻找新的市场。

只要一点运气，逆向思维就可能开花结果。采取对称法，发掘新的商业做法，包括以下步骤：

· 试着打破常规，将现有做法改成最简单、一个接一个的步骤，并且把每个步骤写下来。首先，请用一句话描述现有的产品或服务。

· 实施压力测试——反复从头到尾说出那句话，并且每次强调不同的词。只要强调不同词就可以颠覆你的想法，把你推往非常规的思考方向。

· 尝试调整每个词的顺序，看看是否会带来某些原创的点子或观点。

◎案例：接听手机来电。

目前状况：在美国，接听手机来电要付费。因此，人们很在乎来电支出。而在欧洲和其他地方，是由拨打手机的人付费，接听者不需付费。这两种付费方式中哪个更好呢？

逆向思维：何不给手机使用者两个号码——一个对外公开，而且是拨打者付费，而另一个提供给家人和朋友，则是接听者付费？即使是用同一个号码，只要可以自由切换，把号码从拨打者付费转换成接听者付费，就可以起到同样的效果。

◎案例：工作表现评价。

通常状况：老板定期评价下属及其工作表现。

逆向思维：让下属评价老板，这种方法现已被广泛采用。

◎案例：人体器官捐献。

目前情况：很大比例的人口（差不多75%）说他们愿意在死后捐献器官，但是却没有明确地让别人知道自己的意向。结果，器官捐献常被遗属所阻挡。

逆向思维：与其要求人们选择作为器官捐献者，不如规定除非有人明确表示拒绝捐献器官，否则便自动成为器官捐献者。在所有采用这种方式的国家，器官捐献者都大幅增加，有效减少了器官捐献的等待者人数。

◎案例：为什么要付费收看电视？

目前状况：广告主付费在电视台播出广告。平均而言，在电视节目的黄金时段，广告主每小时为每个收视者支付了32美分。

逆向思维：你可以让消费者每小时付32美分给电视台，购买他们想看且不播放广告的节目版本。消费者可以把节目下载到数字装置，然后随意观看，而不是必须在电视台播放时观看。

◆你会发现到处都有逆向思维的可能——从相反的角度看事物可能改善甚至更好——只要把事物找出来。更常见的情况是，人们找到可行的解决方案，却没有继续寻找更好的；或者我们以为有理所当然的做法，而不再寻求替代方案。

◆人们通常认为解决问题是在寻找解决方案。但是我们所做的一切都是在寻找对称。可以从找一个好的解决方案开始，也可以从寻找问题开始，二者各有优势。如果你觉得很怪，就想想电视比赛节目吧。《超级大富翁》在寻找好答案，《危险边缘》则是以答案开始，寻找正确的问题。有的问题显而易见，有的则比较隐晦，有的醒目又熟悉，但没人注意。《危险边缘》允许你从一个已知的解决方案开始，寻找你甚至不知道自己拥有的问题。

◆顾客是寻找解决方案的固定来源。企业观察顾客如何使用或误用他们的产品。例如一种瓶装喷雾式植物油是为了防止食物粘在锅上而设计的产品。但顾客很显然把它喷在割草机的刀片上，以免割下来的草粘在刀片和割草机底部。在此，我们有了新的问题（粘草的割草机刀片）和一个解决方案（喷雾式油脂）。改善这个临时起意的解决方案很简单：喷雾式油脂不必是橄榄油，甚至不必是食用油。这个方法的重点是让顾客提供你未发现的问题及其解决方案。

◆纯粹只是知道存在解决方案，你就可能有信心挖掘其他替代方案。对一个高端的答案进行调整、修改、标准化、自动化，往往比从头提出一个解决方案要容易得多。

——拜瑞·奈尔巴夫　伊恩·艾瑞斯

三　实现创新点子

想出一个创新的点子很棒，但事情只是完成了一半，因为任何点子的真正价值都在于成功执行。真的要改变，你就必须把点子“卖”给别人。

更常见的情形是既有的公司实现创新点子，而不是新创事业。如果你想有所作为，就必须说服握有权力的人，让他们支持你的创新点子。

要让别人认可你的创新点子，你必须做到：

(1) 专注于你可以做的事——即使你没有权力按自己的最佳判断采取行动，也不要让挫折剥夺你做事的勇气。

(2) 想出一句妙语或电梯推销辞——给你想达成的事一句精准的描述。妙语不会为你的点子加分，但是可以成为你解释点子的起点。你的推理越严谨，妙语就越精彩。

（3）让你的点子给人熟悉感——与比较激进且无法量化的事相比，经理人更喜欢听他们已经意识到的相关点子。你一定要把点子转化成人们已经理解的语言和术语，而不是要他们学习一套全新的东西。精心描述你的点子，你的听众便可以明白你的建议。

（4）谨慎分析你应该向谁推销你的新点子——有时候对决策者直接推销比较容易，如果他正面临来自别人的压力。有时候事先营造变革的压力更好。了解如何区分这两种情况，你便可以增加成功的机会。

（5）预期自己的点子一开始会遇到什么磨合问题，然后想出一些合理的应对——事实上，你要欢迎建设性的批评，这会帮助你改善点子，让它更快得到认可。

（6）不要让新点子秘而不宣——如果你想实现点子，就需要别人参与。记住，价值在于执行，而不是你的点子所提出的想法。何不把你的点子开放——让它接受公开讨论，让其他人帮助把这个点子变成更强大更务实的想法。如果你可以为自己建立点子王的名声，人们就会找你帮助他们落实想法。

把你的点子公开，看看它会带你通往何处。

（7）尽一切可能试着在框架内思考——不要纯粹为了好玩而忽略底线。在刚开始研发的阶段，尽可能试着想出一些符合合理限制的点子，这么做将大大增加你落实点子的机会。运用框架思维很容易，只要你记住真实世界的限制和前提，而不是提出完全激进的点子。点子一定要强劲且务实。

◆如果你想出珍贵的点子，即使看起来足以自圆其说，你仍然需要将其付诸实践。点子王在我们的社会中是很受尊敬的。与其囤积点子，希望得到杀手级的回报，不如把点子拿出来，看看会发生什么事。

◆“为何不”与“当然不”的差别很可能非常细微，这也是为什么要提出质疑：为什么过去没有人这么做？理由因时而异，也可能与地理位置或历史上的突发事件有关。即使有充分理由解释为什么过去没有人这么做，你仍然可能成功，甚至维持长久的成功。因此有必要制订一套原则，厘清你的解决方案必须满足的最低标准。如果答案不符合那些原则，就要考虑更改答案而不是原则。

◆初次遇上一个简单而优美的点子是很令人愉快的事——可以仔细咀嚼其中利弊。但是与看别人的点子相比，更令人愉快的是你自己解决问题——亲自体验如何让事情运作得更好。有些人认为替真实世界的问题提出具体的解决方案是专家才做得到的事——他们创新的技术超乎一般人的想象。真是胡说八道！创新是可以传授的技巧，而且创新就在我们身边。问题是在我们的高科技世界，人们往往不会意识到创新来自日常巧思。

◆告诉别人要有创意是一回事，给人一个想出新点子的框架是另一回事。虽然有很多专著提出组织如何做可以更具创意，但我们的目标是帮助个人更有创意，并为其提供方向。独创性不是少数人才有的东西。有许多伟大的点子只是在等待被发现——很可能你自己就想得到。你要做的是把它们说出来，与人分享，并回馈他人。希望我们的观点能协助你重振务实乐观的态度，何不梦想从来不曾有过的事，并努力让它们成真呢？

——拜瑞·奈尔巴夫　伊恩·艾瑞斯

创新者的解答

The Innovator's Solution

Creating and Sustaining Successful Growth

原著作者简介

克雷顿·克里斯汀生（Clayton Christensen），哈佛商学院企业管理学教授。1997年出版代表作《创新者的两难困境》，以颠覆性创新理论奠定了创新大师地位，并于2011年被评为世界50大思想家之一。多家企业董事，曾合伙创办4家公司。已出版8部著作并发表上百篇文章。毕业于杨百翰大学、牛津大学、哈佛商学院。

迈克·雷诺（Michael Raynor），德勤企管顾问、高级研究员。除在世界各地讲授企业整体策略及竞争策略外，还与多个产业包括电信、制药、能源与制造业等的企业领导人合作。毕业于哈佛大学、加拿大西安大略大学、哈佛商学院。

本文编译 许恬宁

主要内容

5 分钟摘要

创新者的两难困境

为什么难以达成持续的成长？

资本市场要求所有公司都靠将创新商品化来实现成长。成功做到的公司获得巨大的报酬，然而事实上只有 1/10 的公司可出现不断获利的成长。为什么会这样呢？不是大多数公司没有好点子，或者没有优秀的经营者，而是在不知不觉中，他们让自己最具创新的点子失去了潜在的颠覆性。

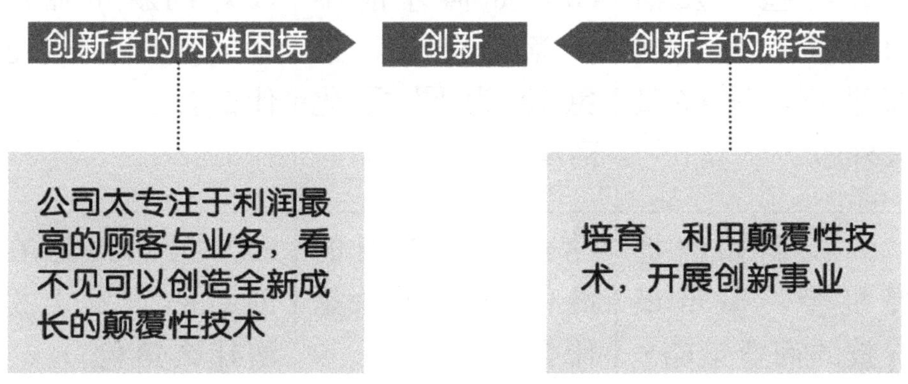

轻松读大师

一　创新者的 9 大关键决策

要为公司顺利创造成长，经营者必须做出以下 9 大关键决策。如果每个决策都良好，经营者就成为成功的助力，而非阻力。

(1) 我们要如何打败强大的竞争对手，占得先机?	(2) 我们应该研发什么产品，顾客才会愿意掏钱购买?	(3) 要让业务顺利开展，一开始我们应该瞄准哪些顾客?
(4) 哪些研发活动应该在公司内部进行，哪些又该外包?	(5) 如何才能维持竞争优势，避免沦为同质化商品?	(6) 创新事业最好的组织架构是什么?
(7) 我们如何把握机会，拟定最有效的商业策略?	(8) 产品创新的最佳资金结构是什么?	(9) 公司高层在创新的研发上扮演什么角色?

（1）我们要如何打败强大的竞争对手，占得先机？如果新科技或创新能以低价抢占低端市场，还带来高利润，那将是非常宝贵的企业资产。企业接着可以往高端市场移动，创造惊人的利润。企业最佳的切入点永远是低端市场，而不是高端市场。

创新一般分为两种：

◎维持性创新——配合高端顾客的需求，持续改善产品。高端顾客愿意多付钱得到更好的产品。

◎颠覆性创新——不如现有的产品完美，但拥有吸引新顾客的优势，例如简单、方便、便宜。

整体来说，维持性创新进入市场时，先前早已进入市场的厂商一般占有优势。如果是颠覆性创新，新进入市场的厂商几乎永远胜过既有厂商，因为新厂商拥有合理的商业模式，而且其产品必然瞄准低端市场，而非高端市场。

以下 5 个关键问题，可以帮你找出新点子是否具备颠覆性潜能：

◎是否有一大群人，他们欠缺资金、设备或技术，无法自己动手，因此愿意付钱购买帮他们做事的产品或服务？

◎如果要使用这项产品或服务，顾客是否需要到某个集中的地方去购买？

◎顾客是否愿意用比较便宜的价格，买功能较不完备的产品？

◎销售便宜版的产品时，能否建立带来一定利润的商业模式？

◎对市场所有的既有厂商来说，创新是否都具备颠覆性力量？还是有的厂商会觉得该产品属于维持性创新？

如果以上任一问题的答案为“否”，新点子就算不上具有颠覆性。那个点子可能成为维持性创新，但不足以成为新厂商新事业的根基。

（2）我们应该研发什么产品，顾客才会愿意掏钱购买？颠覆性创新一定得先在市场上站稳脚跟，然后再以获利的方式成长。方法很简单，就是帮助顾客做到未来想在生活中做到的事。

这是个好问题，因为花在产品研发上的钱，大约 3/4 会“贡献”给失败的产品。为什么会白费这么多钱呢？部分原因在于公司一般会依据人口统计数据或产品属性来区分市场，公司其实应该依据顾客究竟会不会掏钱购买来区分市场。

理想上，新厂商应该牢牢锁定颠覆性产品，帮助顾客做他们想做，但目前市场上的产品做不好的事。找出这类产品最好的办法就是观察顾客想做什么，问问他们的意见。这样，你就能够推出顾客自然会感兴趣的产品，因为符合顾客的实际需求。

一项新技术站稳脚跟后，接着就有快速成长的可能性，因为越来越多的人会利用那项技术取代自己原本使用的。如果产品的改善是依据顾客想做到什么事，而不是依据产品属性或人口统计数据，那么业绩自然会成长。这种思考顾客想做什么的架构，也能帮助经营者从顾客而不是营销者的角度，弄清楚公司创新的竞争对手究竟是谁。

如果依顾客想做什么来区分市场那么有道理，那为什么很多市场最后依旧落入产品之间的捉对厮杀，每家厂商都想在产品里塞进比别人更多的功能呢？原因包括：

◎害怕过于专一——业务经理宁愿拥有整体市场的一小块，也不想在特定的利基市场上称霸。

◎公司高层着眼于商机的规模，而不是成功的概率。

◎运营多年的零售及分销渠道可能束缚住经营

者。经营可能受限于广告或品牌策略，不得不做与自己意愿相左的事。

◎广告和品牌策略可能要求依据人口统计数据做市场区分。

一个颠覆性创新如果要求顾客接受自己过去从未在意的事，那是不太可能成功的。一个新产品越能帮助顾客更有效地完成他们原本在做的事，就越具备颠覆性的潜能。要帮助颠覆性产品找到立足点，就得找出顾客想完成什么工作，而不是看人口统计数据。然后在此基础上持续拓展业务，满足顾客实际需求。只要你的改进让顾客的生活变得更好，创新事业便会持续成长。如果跑去关注很少人在意的事，创新事业则可能停滞不前。

(3) 要让业务顺利开展，一开始我们应该瞄准哪些顾客？颠覆性创新的最佳客源是：

◎非消费者——需要完成某种工作，但因为现有工具太贵或太复杂而未能采用。

◎主流产品目前的使用者——不愿意多付钱让产品升级。

成功的关键在于研发商业模式，以低价赚取吸引人的回报，赢得低端市场的生意。

尽管这种方法理所当然，但大部分具有规模的公司却采取相反的做法，他们一开始就选择直接和已经拥有极佳产品的市场既有厂商进行正面竞争。他们觉得自己的产品更棒，顾客一定会迫不及待地买他们提供的更好的产品。一直到烧了很多钱之后，他们才会明白自己做了傻事。

相反，一些颠覆性创新的成功案例则是很聪明地瞄准非消费者与低端使用者：

1947 年，AT&T 的贝尔实验室就研发出可以取代电子管的晶体管，然而市场接受这项新技术的速度很慢。1955 年，Sony 替买不起大型电子管收音机的青少年，推出使用电池的晶体管收音机。

1959 年又发生同样的事，Sony 推出 12 英寸黑白可携式电视。电子管电视与收音机的制造商轻视了这个新兴的威胁，因为 Sony 没和他们抢顾客。然而不到几年，晶体管开始广泛应用在各式各样的电子产品上，电子管厂商全部被淘汰。

在医疗领域，一直到 20 世纪 80 年代初，心脏病还只能靠昂贵的外科手术进行治疗。血管成形术的发明者并未试着让外科医生对这种疗法产生兴趣，他们到心脏科医生那里，推销说血管形成术可以治疗病情没那么严重的患者，而且比较便宜。这种试一试也无妨的推销方式非常成功，心脏科医生开始用血管成形术治疗更多病情尚未严重到需要做心脏外科手术的患者——长期下来昂贵的心脏外科手术市场逐渐萎缩。

尽管此类案例不胜枚举，但大部分公司依旧难以为颠覆性技术争取到资源。为什么会这样呢？因为大部分公司谋求最大投资报酬率，为此都设有一套积极的资源配置流程。对已经进入市场的公司来说，推销高端产品给老顾客，利润永远高于推销低端产品给新顾客。如果将颠覆性技术包装成旧事业的威胁，强调将带来新的成长机会，则资源配置流程有望将资金投入颠覆性技术产品。

（4）哪些研发活动应该在公司内部进行，哪些又该外包？决定哪些东西应该自己来，哪些应该向供应商或合作伙伴采购，是一件困难的事。在新市场，因为技术尚未成熟，公司一开始可以采取单一架构的整合型。经过几年的改善之后，为了降低成本，可以采用开放性的架构。处理这个过渡期将是相当棘手的事情。

传统的方法是确保核心竞争力，然而今日看起来非核心的业务，未来也可能成为关键技术。这也正是 IBM 外包微处理器与操作系统的决定造成 Intel 与微软囊括新产业大部分利润的原因。

事实上，在市场的早期阶段，只有整合型公司能够生存，因为整个系统的功能还不是十分完善，还不知道什么东西可成为独立的子系统，可以被独立厂商最佳化。为了示范新技术，公司不得不自己负责系统的每一部分，并将各部分整合起来。正因为如此，最具颠覆性的技术都是由龙头竞争者或近乎垄断的厂商引进市场。

一直要到性能过剩，即顾客不愿意为功能更多的产品付更高的价格时，独立的子系统供应商才有机会进入市场。产品的功能和可靠性一旦变得够好，顾客就不再觉得有必要投资最新一代产品，竞争的基本方向产生变化。顾客将开始寻求标准化设计，采购较低标准的性能，为自己省钱。此时独立与非整合型公司将蓬勃发展，因为它们可以更快、更便宜地研发、销售、支持单一的子系统。具体过程如下：

◎要靠颠覆性技术成功推出创新事业，一开始你得做好一切都靠自己的准备，因为此时技术尚未成熟到能够引起任何供应商的兴趣。采取单一架构是比较合理的做法。

◎等过了几年，产品成功改善后，则应采取开放性架构，鼓励非整合型公司专心研发各种关键技术。如果顺利度过这段时期，最初的技术研发者便能保住价值链中最具价值的那一块。

◎如果公司试图同时服务不同档次的市场，则会出现问题。适用于低端市场的商业模式并不适用于高端市场。理论上的确有可能同时追求高端、低端市场，然而实务上很难执行。很多公司试过，结果浪费了许多资源。

（5）如何才能维持竞争优势，避免沦为同质化商品？值得注意的是，价值链的某个地方开始步入同质化时，在价值链的其他地方也会相对开始出现去同质化的过程。对于创新事业的经营者以及既有厂商来说，这件事意义重大。若要避免沦为同质化商品，就要专注于价值链中顾客对于现有产品仍然感到不足的部分，并且避开顾客对现有产品感到完全满意的部分。

同质化的过程分为6个阶段：

◎比现有产品更能满足顾客需求的专利产品形

成新的市场。在这个阶段，会出现诱人的利润。

◎ 如果公司试图在竞争中维持龙头地位，就会持续改善产品，最终推出低端市场顾客用不到的过多功能与更高的可靠性。

◎ 低端市场的竞争方向发生变化，从寻求最优秀的产品，变成寻求最便宜的产品。

◎ 公司由产品初期的单一架构转变为开放性架构。

◎ 产业瓦解——出现独立的供应商，每家厂商各自针对产品结构上的某一部分力求最佳化。

◎ 产品变得很难区分，每个厂商都试图靠削价竞争，而不是靠产品功能。

不同产业同质化的过程各不相同，但只要技术的进步超过顾客吸收新技术与掏钱的能力，这种情况就会发生。然而更不为人知的是，一旦价值链的某个地方出现同质化，同一条价值链的其他地方就会发生去同质化。去同质化出现在过去难以形成诱人利润的地方。

去同质化的过程可分为 5 个阶段：

◎ 一旦标准化产品厂商把所有高成本的供应商逐出市场，利润便会下滑。为了维持诱人利润，标准化产品厂商便会移向高端市场，其进入速度取决于子系统的表现。

◎相关子系统的供应商开始让性能升级，帮助顾客进入高端市场。

◎通过性能的差异化，子系统供应商利润开始提高。

◎诱人的利润会引来更多供应商，再次开启同质化的循环。

在任何价值链中，这种同质化与去同质化的过程必定同时发生，造成甜蜜点——能赚到钱的地方——不断从价值链的一个地方移向另一个地方。了解这种现象的公司，知道甜蜜点未来会在哪里出现，就会抢先布局。

值得注意的是，这和核心竞争力完全无关。若要维持竞争优势与获利能力，公司就需要做顾客重视的事，而不是做自己擅长的事。要持续获利，就得在竞争方向发生变化时，改做别的事。一家公司如果在产业的价值链发生变化以后，仍然坚持做以前行得通的事，不去学习新东西，未来一定会发生问题。

人们通常以为可以靠品牌保住利润，认为拥有知名品牌，自然就能索取高价，提高利润。其实品牌也会经历同质化与去同质化的过程。在产业的早期阶段，人们还不清楚良好性能来自何处，而知名品牌能够给顾客信心，因此可以靠信誉赚钱。然而品牌索取高价的能力将递减，因为顾客渐渐地可能对业界所有供应商都产生信心，认为大家都能提供具有相当性能的产品。让品牌带来惊人利润的甜蜜点将移向价值链中其他尚处于流动期的地方。

标准化产品厂商可以收购技术或子系统供应商，从而改善获利能力，精明的经营者会利用这种机会移到价值链的上方（或下方），以获得较多利润。同质化与去同质化的过程不可避免地发生在产业价值链的边缘，而非核心。

如果想了解这个过程，可以看 20 世纪 90 年代的个人电脑产业。在 20 世纪 90 年代之初，电脑组装厂商的利润很高。过了一阵子，大部分利润从电脑组装厂商跑到零配件供应商手上。微软（操作系统的供应商）与 Intel（微处理器的供应商）赚到钱，硬盘、电脑存储器及其他供应商也赚到钱。

到了 20 世纪 90 年代末，大部分相关的零配件供应商（微软与 Intel 是明显的例外）开始不赚钱，因为钱跑到设备供应商那里去了。在 10 年间，价值链中利润高的地方，越来越往下方移动。处于性能尚不够完美的价值链部分的公司获得利润，而不是位于其他地方——技术已经超越顾客需求的部分。在那 10 年间，甜蜜点一直在价值链中上下移动。

汽车产业目前也是这样。现在市场上已经有太多好车，业界能赚到高利润的厂商，已经从汽车制造商和组装厂商，变成子系统的厂商。在不久的将来，这将是汽车产业真正能获利的地方。

（6）创新事业最好的组织架构是什么？就算拥有优良的技术与现成的市场，也不一定就会成功，你还需要拥有正确的组织架构（人员、资源、价值主张、流程）。

每家公司都得找出自己的答案，因为没有标准答案。大部分公司擅长让维持性创新商品化，但很难让颠覆性创新产生利润。为什么会这样呢？原因如下：

◎公司现在采用的流程适用于现有产品，而不是新的产品或服务。

◎公司的价值主张是配合现有产品，而非创新事业。

◎公司会把大部分资源用在大家都熟悉的业务上，而不是定义较不明确的新产品。

◎在目前环境中做得很好的人，不一定有能力执行新的事业项目。

要解决以上潜在问题，就必须替具有颠覆性潜力的创新事业找到恰当的组织架构。大致说来，这取决于新产品与现有价值主张及流程的相容程度：

价值主张相容程度	流程相容程度	最佳组织
不佳	不佳	成立完全自主的组织
优良	不佳	打造跨越部门界限的新流程
不佳	优良	由经常性开支较低、具备规模经销优势的部门负责销售新产品
优良	优良	协调目前的部门，发展新事业

不要忘了，大部分公司雇用的是能够处理目前问题的人才，而不是依据未来的需求寻找人才，这正是许多公司难以创新的原因。如果先建立正确的组织架构，员工未来需要的技能就变得明了。先做好这件事，公司就会得到很好的着力点。

（7）我们如何把握机会，拟订最有效的商业策略？公司一开始大概很难看出创新事业的最佳策略，因此与其试图找出一劳永逸的方案，还不如让最佳策略自然浮现。

简单来说，好的事业策略会从两个方向冒出来：

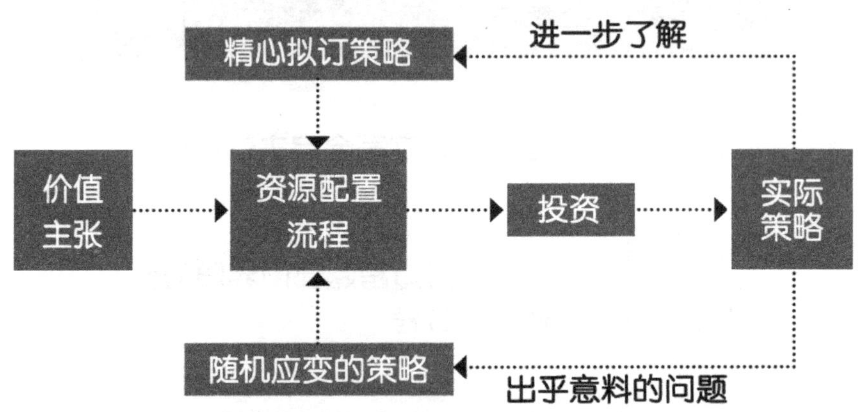

很多时候，精心拟订的策略（来自公司高层）的影响力超过随机应变的策略（来自一般员工）。如果是新市场，公司必须两者并重。最佳的商业策略来自精心拟订策略与随机应变策略的结合、调整。

要充分利用策略研发过程，经营者应该做到：

◎特别关注创新事业最初的成本结构——一定要打造对顾客具有吸引力的成本结构。长期而言，这将对创新事业的价值主张造成重大影响。若能简化初期的成本结构与投资，未来的策略行动将更具弹性。

◎坚持全部企划案都要有真实世界的数据支持——在投入大量资源之前，先测试关键的假设，做出必要的修改。

◎做好亲自介入的心理准备——并在最终的策略出炉且必须专注时，不再把钱投入其他的策略选项。一旦出现明显胜出的策略，唯一要紧的就是有效执行。

替创新事业寻找正确的策略将是一个雾里看花又难以掌控的混乱过程。正确的策略不会自己跑出来，必须以聪明的方式去挖掘。不要忽视随机应变的策略，而完全偏好精心拟订的策略。公司高层也不该让政策、习惯、公司文化来决定策略而该让资源的配置流程筛选策略。

总而言之，重要的是从资源配置流程中产生东西，而不是放进去东西。

(8) 产品创新的最佳资金结构是什么？投资的资本一般分为两种：

◎不急着看到成长，但急着获利。

◎急着看到成长，但不急着获利。

如果想让创新事业成长，你需要找到不急着成长，但急着获利的资本，而拒绝急着成长，不急着获利的资本。

如果在创新事业太早期的阶段就开始追逐成长，好资本可能变成坏资本。为什么呢？事业要成长就需要资金，如果太多钱用于事业成长，而不是用于获利，就可能出现方向错误，进一步的投资更会让错误扩大。

为了避免越投资越糟，就应该先追求利润。也就是说，先替颠覆性技术取得一些小小的立足点，投资人们愿意购买的产品。先证明新产品可以在利基市场获利，然后再扩大范围。诀窍如下：

◎利用模式识别——证明自己走在正确的道路上，就算一开始利润不多。

◎提早开始——永远在核心事业还很赚钱的时候，就开始推行创新事业，让自己稳妥地找出最佳的未来成长机会。不要等到现有事业已经不行了，才开始想以后要做什么。

◎一开始不要搞得太大——可以让事业部门独立运营。得到授权的创新事业部门的经营者，永远比总部办公室的人更知道实际状况。

◎要求早期就要有成果——测试顾客愿意接受的价格假设。此外，现有事业会和创新事业抢资源，如果创新事业有早期获利，则可以抵抗此类压力。急着获利也会迫使创新事业尽早找出可能成功的机会。早期的获利将使投资者、董事会与员工产生信心，得到继续支持。

◎评估能否收购创新事业——利用其成长动力。但你必须在具有颠覆性技术公司的估价一飞冲天之前，就精准找到并买下。你也可以双管齐下，让公司在产业的某些细分市场进行策略性并购，培育创新事业。

从许多层面来说，早期便要求获利也有利于开启自我强化的良性循环，事业会一直成长，而不是下滑。适当的获利责任也会让创新事业的企划过程多一分现实感。打造创新事业的时候，一定要获利。允许创新事业晚一点才获利的公司（通常会试图达到一定的规模），通常永远不会成功。早期获利情形越佳，创新事业就越有可能往前走。

（9）公司高层在创新的研发上扮演什么角色？高层必须做好以下4件事：

- 协调跨部门的行动。
- 突破现有的商业做法。
- 建立必要的新流程。
- 确保资源被用在正确的地方。

如果经营者能有效担起这4种责任，公司将拥有顺利走向未来的成长引擎。

颠覆性成长永远会造成公司内部的紧张，公司高层的责任就是应对这种紧张情形，这也正是为什么高层必须亲自跳下去做创新事业。高层必须亲自示范，否则员工不会重视创新事业的成长。

如果推出单一的颠覆性事业能替公司带来数年的获利成长，高层最重要的任务就是让颠覆性事业融入公司内部的流程。理想情况下，这将带来一系列的创新事业，建立可以带来惊人成长规模的引擎。

打造成长引擎的方法包括：

◎抢在被迫行动之前就出发——让创新事业可以按照自己的步调成长，不受母公司的干扰。投资创新事业的最佳时机是母公司依旧在成长的时候。

◎指派公司高层主持创新事业——他们有能力在公司的资源配置流程中引导合适的点子与策略。高层的主要任务是确保最佳点子有最大的机会成功，不会被其他业务部门抢资源。

◎打造可以酝酿新点子的团队——一群可靠、精明干练、有自信让颠覆性点子成真的人。这个团队能够快速分辨什么东西重要，什么东西不重要。

◎训练一般员工，让其除了有能力辨认可能成功的颠覆性点子外，还能让其他团队注意到那些点子——特别是销售、营销或产品开发的一线员工。他们直接接触顾客，可能抢在所有人之前注意到颠覆性点子。公司应该善用那些早期的征兆。

颠覆性成长既然具有颠覆性质，就可能惹恼其他人，威胁到公司内部的势力划分。只有公司的高层有能力处理这种潜在的难题。有时候，公司就得让与众不同的人去冲闯；有时候，为维持稳定的获利，则需让流程统一重复性的事务。由于高层站在制高点，同时监督不同部门，他们更容易判断何时该顺其自然，何时又该帮流程制订一些架构。如果高层学会扮演这种相互冲突的角色，公司就可能拥有带来高获利的持续成长引擎。这不正是高层能留给组织的最好东西吗？

二　创新模板

不论哪个产业，甚至不论哪个时代，具有颠覆性的创新产品都遵循一个相当一致的模式。利用以下步骤，你就能在创新者的两难困境中找出解决之道，为公司带来成长。

（1）寻找颠覆性的立足点。永远不要瞄准目前的竞争对手已经在服务的顾客，而要找出竞争对手非常乐意放弃或者忽视的顾客，然后替他们研发产品。如果你很聪明，挑对了顾客，你就等于利用了竞争者为你创造的成功条件。这种好事永远胜过激烈的市场占有率竞争。

（2）争取尚未消费的顾客。不要试图说服顾客抛弃别人的产品，改用你的产品，而要瞄准尚未成为消费者的顾客。你要替手上尚未有产品的顾客研发简单但有效的产品，然后卖给他们。你要研发会扩大消费者人数的新产品，而不是试图从既有厂商手中抢市场占有率。

（3）永远锁定低端市场进行颠覆。如果找不到尚未成为消费者的顾客，那就瞄准低端市场。看能否用较低的价格，提供功能不如完整版的简单版商品。如果你找不出具有吸引力的商业模式，那就别花这个时间和精力。

（4）不要想去教育顾客。永远不要研发那种还需要教育顾客、让他们理解好处的产品，而要找出办法帮助顾客，让他们能用更便宜、更方便的方式做他们已经在做的事。你的资源并没有多到可以教会顾客向你购买。

（5）根据顾客的需求做市场细分。你的依据不能是自己目前的组织架构，或是传统的评估方式（定价、人口统计数据、产品属性），而是顾客试图完成的工作。你要与竞争对手不一样，他们提供的是一刀切的解决方案，你则提供不同的选项，挖掘尚未开发的市场，找出别人从来没有想过要瞄准或服务的市场。不要只想着产品的属性，而要找出顾客掏钱究竟是想完成什么事。

（6）警惕竞争对手的反应。如果你假设竞争对手不会变而拟定未来可以改善产品的研发计划，你要警惕了。永远不要假设过去带来高利润的产品，未来也永远会有好表现。你要关注低端市场，从那里下手，让竞争对你有利。

（7）思考未来的竞争力。如果你的产品研发团队把心力都放在符合业界标准、外包与合作上，你要小心了。真正具有颠覆性的产品与服务，不会受到既有厂商的欢迎，没有人会张开双臂拥抱这样的东西。如果你的产品或服务还不够好，还无法自己站稳脚跟，或者你的研发团队紧抓着过去有用的能力，而不去追求未来的重要能力，你就要回头重新思考顾客需求。

（8）专注于资源、流程、价值主张。在帮公司选择正确的定位与架构时，永远要先想出以下 3 个关键问题的答案：

◎我们是否拥有走向成功的资源？

◎我们的运作流程能否让事情顺利进行？

◎我们的价值主张或公司文化是否让大家知道当务之急是什么？

在回答这 3 个问题之前，不要着手进行新事业。

（9）关注分销渠道。对即将成为你分销渠道的每一家公司，你也要问以上 3 个问题。如果你们之间不同调，你的创新事业也会出师不利。

（10）替创新产品找到经营者。过去绩效最好的经营者，最不可能让创新事业成功。事实上你得强迫自己别去信任过去你信任的人，你要转而寻找能够解决问题的新经营者。你要找过去曾经处理过类似挑战的人，相信他们有能力随机应变，让创新产品或服务取得成功。

（11）接受不明确的态势。在创新事业的开头几年，不可能预知什么将是最佳策略，因此在量化的数据出炉、知道什么东西有用之前，不要投资任何策略。你要尽快提出可行的策略，但要保持弹性，直到时机成熟，例如实证数据出炉。

（12）不能等获利。如果有人告诉你，你要做好心理准备，要先亏损几年，创新事业才会开始赚钱，你要提高警惕。这种思维意味着你试图将颠覆性的技术投入既有市场。颠覆性的创新事业，利润要么一下子滚进来，要么永远不会发生。耐心承受数年的亏损是错误的做法，因为这意味着研发团队实际上是在试图执行错误的策略。你应该把那种需要数年庞大投资才能开花结果的研发项目交给已经有规模的公司去做。你的颠覆性技术应该尽快获利得到验证，且与现实保持同步。

（13）不能急于成长。如果要让颠覆性的事业点子得到充足的资金，公司的其他事业也必须不断成长。公司的整体成长率越佳，你就越有能力带来新的成长，也更有耐心等待创新事业开花结果。如果高层一直强调一下子就要出现非常巨幅的成长，你要小心了，因为这意味着公司试图让颠覆性的技术进入既有市场——这种事永远不会成功。如果你感受到这是高层的脑袋在想的事，就不要接下这个任务，因为失败是迟早的事。

创新看得见

The Four Lenses of Innovation
A Power Tool for Creative Thinking

原著作者简介

罗恩·吉布森（Rowan Gibson），企业创新领域的演说家、专家，也是 InnovationExcellence. com 的共同创办人。著有*Rethinking the Future*、*Innovation to the Core* 等书。曾在 61 个国家举办专题演说及创新研讨会，合作企业包括可口可乐、埃森哲、英国电信、瑞士信贷等。

本文编译 叶心岚

主要内容

轻松读大师

一　挑战正统

大多数创新家都是彻头彻尾的反向操作者。他们公开挑战根深蒂固的观念和长久以来视为理所当然的事情。有时提出创新点子的最佳方法就是针对他人视为理所当然的想法，思考另类选项。

1997年，苹果推出经典的营销活动，以“不同凡想”为营销主题。其推出的人物包括阿尔伯特·爱因斯坦、马丁·路德·金、理查德·布兰森、托马斯·爱迪生，以及其他挑战现状并且达成卓越成就的人。你或许不会变得和他们一样有名，但创新的第一步通常就是挑战现状，试着以你希望的模样塑造这个世界。

许多人以为挑战正统意味着必须有点疯狂，但这是错误的认识。你应该以系统性的方式挑战公司内部、产业或是自己心里存在的固定模式。

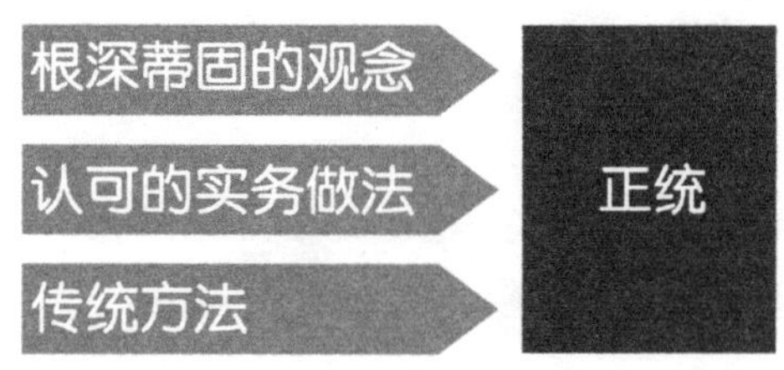

正统究竟是什么？单词 orthodoxy 源自希腊语的单词 orthos，意思是正直或真实，而 doxa 则是指信仰或意见。因此正统一词就是指对某件事物的做法抱持根深蒂固的信念，包含所有传统或惯常的做事方法。人们总是未加思索或习惯性地遵循正统。

企业通常都有其认可的做事方法，会遵循固定模式，包括定价、营销、分销、产品或服务的提供都采用众所周知的模式。久而久之，这些公认的做事方法变得根深蒂固，以至于员工会下意识地这么做，而且通常存在不得不顺应固定模式的同侪压力，结果几乎每个人都没有自行思考的余地。

就经营企业而言，正统、模式和系统是很好的东西，但要以创造性方式思考，则必须挑战正统。与其思考这些工作应该如何完成，不如搞清楚完成这件事的更好方法是什么。和直觉相反，越极端的新点子，越可能得到好结果。

产业新进入者拥有巨大优势是众所周知的。新进入者会以崭新的眼光看一切事物。因为不盲从行之有年的产业实务做法，他们反而能交出漂亮的成绩单。例如：

◎在20世纪80年代初，尼古拉斯·海耶克想，假如把腕表重新定位为时尚配饰，而不是计时器，会出现什么结果呢？结果，在30年内，他的斯沃琪集团年营业额达到100亿美元。

◎迈克尔·戴尔还是大学生时问道："为什么组装完成的电脑，要价是其零配件的5倍？"他在宿舍开始创业卖电脑，挑战电脑零售商。今天的戴尔电脑在全球雇用10.8万名员工，年营业额逾570亿美元。

◎IKEA问，为什么家具在销售和出货前必须组装完成？IKEA另辟蹊径，设计模块化单元，顾客可以自行组装。

◎Enterprise质疑汽车租赁公司是否有必要设在机场。结果Enterprise在汽车经销店附近设立办公室，服务需要租车的顾客。今天，Enterprise成为美国最大的汽车租赁公司。

◎劳斯莱斯向商用飞机制造公司销售喷气式发动机。公司以前先销售发动机，再向顾客收取维修费和服务费。后来劳斯莱斯引进全方位概念，为发动机提供长期监控及定期服务。今天，公司营收约55％来自售后服务。即时监控活动也让莱斯莱斯取得了可用于改善发动机的一手资料。

挑战每个假设——看看相反方向是否藏着创新点子

创新的第一个工具是挑战你的假设，重新思考每样事物。积极这么做的企业，正开始在各种领域胜出：

◎WellnessMart是为健康人打造的医师诊所。诊所的室内装潢不像塞满患者的候诊室，反而更像苹果直营店。WellnessMart天天营业，不必预约挂号，你可以去那儿打疫苗，体检，进行旅行前的预防接种，甚至可以去除纹身。

◎2011年，英国零售业巨头特易购在韩国首尔的地铁站开了世界上第一家虚拟超市。顾客可以在交互式触摸屏上选取、订购产品，商品会在当天送达。特易购已经进一步扩充此概念，并在伦敦的盖特威克机场开设虚拟超市。

◎哈佛大学与伊利诺伊大学的研究人员合作，

以 3D 打印方式制造高容量的锂电池，其体积只有约一颗沙粒大。这些超小电池可以植入患者体内，为新一代医疗装置提供能量。这些电池也可用于智能手机、智能感应器和其他装置上。

◎ GE 医疗公司已经开发出小型、可携带式超声波装置，比赛时医生可以将其带上赛场，能立刻诊断出运动员伤势的严重程度。GE 还开发其他类似装置，大小和智能手机一样。

◎ HBO GO 允许用户通过移动装置免费下载节目，且带有提升观众娱乐体验的额外功能。

◎ Chipotle 墨西哥卷饼店挑战快餐不可能健康或持续发展的假设。Chipotle 每天将新鲜产品送进店面，并且向持续采用自由放养方式养殖的农家采购食材。Chipotle 的座右铭是良心食品。

◎ 中国建设公司远大集团，在工厂预制装配单元，可组装成商用大楼，甚至摩天大楼。远大集团已利用这种建筑方法在 48 小时内盖好了 15 层高的饭店，并且在 15 天内完成了一栋 30 层高的大楼。

◎ 美国职业橄榄球大联盟（NFL）的正规赛季非常短，只有 3 个月。这对赚取营收来说不是好事，因此 NFL 现在已经扩大电视转播范围，包括抽签、

NFL会议、选秀训练营、季后赛及超级碗杯。这样，职业橄榄球不再有淡季，电视转播变成NFL整年度创造营收的工具。

如以上例子所示，创新的第一个工具就是挑战现状，找出一般人认为正确的做事方法，再尝试不一样的做法。避开鼓励你维持现有思维的任何心理惯性。

像新手一样思考。每当有人告诉你“事情本来就是这样”，就要把它想象成“可以怎么做得更好”的邀请，然后努力让想象成真。

在你的成长过程中，你通常会被告知世界就是这样，你的一生就是在这个世界里过活，不要过度冲撞墙壁……这是限制重重的人生。实际上，只要你发现一个简单事实，你的人生就能变得无限广阔，那就是——在你周遭，你称为人生的一切，你都能改变，你都能影响，你都能加以塑造。或许最重要的是甩掉“人生就是这样，你只能这么活”的错误观念，你应该拥抱人生，改变人生，改善人生，在你的人生画上自己的标记……一旦认清这个事实，你就再也不一样了。

——史蒂夫·乔布斯，苹果共同创办人

问题从来不是如何想出崭新、创新的点子，而是如何剔除旧思维。

——狄伊·哈克，VISA 公司创办人

企业模式太过成功，就会遏止挑战，结果公司走向瓦解，崩溃。

——马克·帕克，耐克 CEO

就本质而言，创新家通常都是反向操作者、异教徒、革命家，他们永远对现状不满。当其他人似乎满足于“左转”时，创新家觉得一定要“右转”——逆主流而行，背离常识，打破公认模式，宰杀圣牛，质疑毫无疑问的事情，修复还没坏掉的东西，将看起来不可能的变成可能……好吧，就是要“不同凡想”。

——罗恩·吉布森

二　顺应趋势

创新家了解并且欢迎改变，他们留意蓄势待发的趋势，将它们纳入自己的构想。创新家充分利用新兴趋势，其他人则通常低估或完全忽视趋势。

创新家不是未来主义者。他们对于新兴趋势通常没有内线消息，而是在事物变迁时迅速察觉，在其他人尚未反应之前，提早搭上新兴趋势的列车。创新的第二个工具——顺应趋势是在当下看到未来，将新出现的变化转变成机会。

顺应趋势是以当下已经开始发生的事情为基础，再想象下一步。你必须观察大局，找出将引起重大产业变革的新趋势；你必须想象要为顾客创造什么新价值，找出你应该做什么来定位自己，以便未来获利。

公司预期产业的未来，通常从产业的过去做线性推断。但这样的可预测性已经不复存在，因为情况已出现戏剧性的改变。脸书于2004年推出，仅在10年内就拥有逾10亿全球用户，这就是一个完美的例子。各产业的变动正在加速中，未来将和你的预期截然不同。因此，创新家应顺应变动的浪潮，而不是疲于应对。

成为顺应趋势者——看见蓄势待发的变革浪潮，赶在浪头前出发

以下企业和个人是身手矫健的冲浪者典范：

◎比尔·盖茨1978年成立微软时，设想将来有一天，每张书桌上的电脑都使用微软的软件，这需要莫大的信心。他拒绝IBM以5万美元买断微软MS-DOS操作系统的提议，而是与之签订了授权协议，这让微软在10年内赚进1.4亿美元。同样，比尔·盖茨在1981年看见图形用户界面的重要性，并在这股浪潮掀起之前推出Windows软件。1995年他察觉互联网的大潮即将来临，因此动员微软让互联网成为公司的重要产品。当他在2000年1月退休时，微软已是市值200亿美元的公司，他也成为世界首富。

◎1978年，25岁的约翰·麦基从大学辍学。他向朋友借来4.5万美元，在得克萨斯州的奥斯汀合伙成立一家小型的健康食品店。在和另一家经营健康食品的公司合并后，麦基和他的合伙人推出规模要大上许多的自然食品超市。新店名为全食超市，他们开始开新店，且并购其他自然食品连锁店。在消费者意识高涨及需求增加的带动下，今天的全食超市雇有逾5.8万名员工，在多个国家拥有数百家店面，年营业额超过130亿美元。

◎1994年，投资银行家杰夫·贝佐斯读到一篇谈论互联网正在飞快成长的报道。他想："哪一种商业适合如此快速成长的环境?"贝佐斯以离开华尔街、成立亚马逊网站回答了这个问题。公司一开始以卖书为主，后来迅速拓展许多其他业务，成为网络零售业的主力。他先后推出亚马逊市场（让第三方出售新商品和二手货）、Kindle（连接全球最大书店的电子书阅读器）、流媒体、互联网服务、虚拟助理、3D打印市场等服务，成功搭上其他新兴的成长浪潮。2015年，杰夫·贝佐斯的个人财富高达300亿美元。

◎除了制造高品质运动鞋和运动服之外，还需要抓住数字与社交媒体的浪潮，耐克在明白这一点时已经是全球最大的运动用品公司。耐克推出 Nike+系列数字商品和体验，包括 Nike+iPodnano、Nike+SportswatchGPS（连接跑步与训练应用程序）、Nike+Fuelband 及完整的 Nike+线上社区之类的商品。耐克现在是制造健身穿戴用品的先驱，人们可以在社交媒体上储存、追踪、分析健康资料。仅 2013 年，耐克公司的健身穿戴用品销售额就增加 700%以上。

你得先辨识你和你的公司将顺应的革命性浪潮。厘清你确实应该做的是什么，控制变革力量，替顾客创造新的附加价值。

◎ 你是否需要升级商业模式？

◎ 你是否需要追求新的成长机会？

◎ 你要改变企业的哪个部分，才能持续满足不断演变的消费者需求？

◎ 要跟上产业的下一波浪潮，你该做什么？

◎ 哪些趋势将引导你的创新策略？

◎ 此时此刻在你的视线范围内，你可以搭上哪些可能的赛局颠覆浪潮？

关键思维

创新家并未领先时代。他置身时代，只是其他人落后于时代而已。

——玛莎·葛兰姆，美国舞蹈家

我们必须做的是永远面向未来。当你周遭的世界改变且对你不利时，你必须面向未来，并且想出该做什么。

——杰夫·贝佐斯，亚马逊公司 CEO

创业家是真正的英雄，他们通过想象这个世界可能、应该变成什么模样，来解决问题。

——约翰·麦基

全食超市共同创办人及共同 CEO

我们总是高估未来 2 年会发生的改变，而低估未来 10 年将发生的改变。

——比尔·盖茨，微软共同创办人

三　善用资源

创新家把这个世界视为不同技术和资产的组合。他们将自己和周遭其他人拥有的资源，以更好的新方法加以发展、整合、组合。

在当今商界，最迫切的任务就是找出使用资源的更有效方法，真正的成长机会来源于你尝试理解、拓展的事业界限。关键问题就是“我们该如何运用我们拥有的资源来赚钱”。

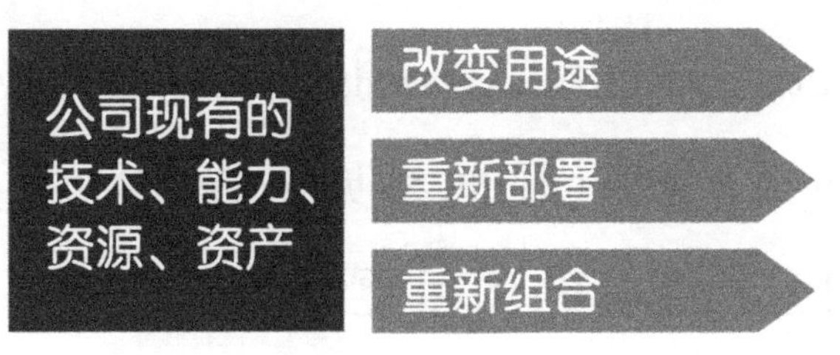

如果公司不搞清楚该如何以创新方式运用资源，那么顾客就可能不再想购买你的产品。现在许多大型企业已经认清这个事实，正积极试验创造价值的新方法。例如：

◎可口可乐是全球碳酸饮料的龙头企业。但是随着人们越来越重视健康和肥胖问题，全球碳酸饮料的销售量逐年减少。可口可乐并未尝试以更低成本生产更多碳酸饮料，反而拿果汁、瓶装水和能量饮料做尝试。

◎麦当劳也在做类似的努力。公司不再强调如何以更有效率的方法供应汉堡包和薯条，而是研究如何利用麦当劳的快餐零售平台，提供其他更能满足顾客健康喜好的产品。

◎谷歌是做好这项工作的最佳样板。公司一开始以搜索引擎起家，而且仍然渴望把搜索引擎做好，但今天的谷歌还做得更多。谷歌拥有 YouTube——全球最大视频平台，也是世界第二大搜索引擎。如果算上 GoogleMaps、GoogleImages、Gmail、Google+、GoogleWallet、GoogleAdWords、GooglePlay 和 Chrome 之类的 Google 软件，显而易见，谷歌已不再只是搜索引擎，它知道和拥有的项目更多。

如果公司死守自己的根基，那么：

◎苹果仍会是一家电脑制造商，而 iPod、AppleTV，甚至 iPhone 可能永远不会诞生。

◎皮克斯仍会继续制造 3D 绘图用的电脑硬件

和软件。

◎ 亚马逊会专心一意打造世界上最大的书店。

◎ 迪士尼公司会一直制作卡通片，而不会开设像迪士尼乐园一样的主题乐园。

◎ 特易购仍然会继续销售杂货，而不会销售各式各样的自有品牌商品和服务。

为现有资源找到新用途——拓展事业的可行方法

虽然成功企业看起来轻是而易举地打入了新市场，但在现实中，你可能会发现，最佳创新机会就在你已提供服务市场的相邻市场。例如麦当劳利用 McCafe 策略跨出快餐业，进入和星巴克竞争的高价咖啡市场。许多其他公司也遵照类似策略，达成令人印象深刻的成就。

当然有例外，如理查德·布兰森旗下维珍集团的成功案例。维珍品牌现在拥有的事业可能是世界上最奇特的组合——音乐、零售、航空公司、移动通信、火车、假期旅游、饭店、水疗中心、媒体、电子游戏、金融服务、卫生保健、热气球飞行、图书、漫画、新娘婚纱、音乐节、汽车、摩托车、电影院、饮料、化妆品、能源、数字广播、健身俱乐部、豪华礼车、互联网服务、太空旅行等。

维珍集团目前年营业额超过250亿美元，这显示公司做的是正确的事情。由于涉足众多产业，因此维珍应对经济衰退的能力较强，也有充分的资源继续拓展新机会。

在辨识、善用尚未充分利用的资源进行创新方面的一些精彩案例包括：

◎2000年网络经济泡沫破灭时，亚马逊拥有大量闲置的基础工厂设施。杰夫·贝佐斯发现公司仅用到信息中心10%的产能，因此他在2002年推出网络服务平台，让外部使用者使用亚马逊服务器。2006年，亚马逊网络服务新增云端主机服务，采用独一无二的按需付费定价模式。亚马逊现在提供的云计算产能，比排名在亚马逊之后的14家主要竞争对手合起来还要多5倍。网络服务成为亚马逊旗下价值数十亿美元的事业部门。

◎2002年，麦当劳决定利用餐厅四周的停车位赚取收入。公司以自动贩卖机做试验提供便利购物服务，但顾客不感兴趣。麦当劳后来装设名为Redbox的自动贩卖机，出租影片和电子游戏。一开始在140家麦当劳餐厅装设，最后Redbox增至4

万台以上，拿下实体DVD50%的租借市场。

◎ 西班牙酿酒商 Grupo Matarromera 遵照标准产业实务做法，把葡萄皮当作酿酒过程中产生的废弃物处理。创办人卡洛斯·摩洛有一天决定做些研究，结果发现葡萄皮含有的多酚物质和抗氧化物是高端化妆品产业高度重视的成分。他为自己的萃取方法申请专利，并且成立名为 Esdor 的新公司，销售由天然萃取物制成的化妆品。

◎ 皇家台球公司制造高品质台球桌已经有40年历史。有一天一位顾客问到："既然你们工厂地板上有这么多木屑，为什么不制造火炉和壁炉使用的木质颗粒燃料?"6个月后，皇家开始销售木质颗粒，而且新产品线收益在1年内已经占到公司营收的40%。皇家现在每年卖出数千吨的木质颗粒燃料。

你的公司或许已经列出尚未充分利用的资源清单，这份清单可能十分冗长，但不外乎以下项目：

作为创新的善用资源这个工具是问："我们还可以利用这些资源做什么？"事实上，如果你够聪明，你还会问："如果我们同时善用他人的资源，我们还可以做什么？"许多成功的创新是把在其他地方奏效的要素重新组合。

以下是这种创新的几个例子：

◎史蒂夫·乔布斯在20世纪80年代初开发第一台麦金塔电脑时，利用了他在施乐公司帕罗奥图研究中心了解到的许多革命性想法，包括图形用户界面、鼠标、弹出式窗口、图标。

◎苹果的第一台iPod是由名为PortalPlayer Inc.的公司开发的，而帮助苹果设计iPod用户界面的是另一家公司Pixo。

◎苹果代表性的产品iTunes借鉴Napster音乐网站曾经尝试提供的服务，并且让它合法化。2000年，苹果并购名为SoundJam MP的平台，在上面建构iTunes。

◎第一支iPhone是苹果和Cingular Wireless公司（现在的AT&T Mobility）合作设计的。iPhone最初的触摸屏来自康宁公司。

◎迪士尼在2006年并购皮克斯后重振动画事

业部门。此后又加入 Muppets 布偶、漫威超级英雄和星球大战授权，让一系列稳定可靠的新角色通过迪士尼的营销与销售机制运作。

◎ 乐高通过和卖座影片的版权所有人签订授权合约，成为世界上最会赚钱的玩具制造商，那些影片包括《哈利·波特》《印第安纳·琼斯》《魔戒》《加勒比海盗》。

◎ GPS 制造商 TomTom 一直想在竞争中脱颖而出，后来接受他人建议在商业模式中加入其他人的资源，终于如愿以偿。TomTom 找来家喻户晓的名人和演员为 GPS 配音，用户可以从公司网站下载。这意味着在到达目的地之前，你可以让“终结者”告诉你向左转或向右转。TomTom 也推出创新的网络促销活动，协助公司跃升为市场龙头厂商。

我现在明白，我的驱动力就是找出新方法，帮助顾客度过快乐时光——理想上，去超乎顾客预期的地方找。我相信只要使用得当，一个品牌能够办

到的事情几乎没有限制。

——理查德·布兰森，维珍集团创办人

创新是赋予资源创造财富的新能力。

——彼得·德鲁克，管理学大师

创新是将事物拆解成元素后，再以新的方式重新组合起来。

——安德鲁·哈格顿，作家

如果你有一家大公司，但你说自己只能做5件事，这不是有点愚蠢吗？我们拥有的资源有限，我们要做的重要事情却没有限制。

——拉里·佩奇，谷歌CEO

每个孩子都是艺术家，问题在于我们长大后如何继续当个艺术家。

——巴勃罗·毕加索

创造力是指打破长久存在的模式，以不同眼光看事物的能力。

——爱德华·狄波诺，创造力大师

◆创新的最大机会可能来自结合组织自身资源与其他公司的专业知识、资产，为顾客创造颠覆性的新解决方案。

◆“创新家就是坐在那儿盯着窗外，等待灯泡出现在头顶的孤独发明家。”这或许是相当普遍的认识。实际上，大部分创新者和周遭世界联系密切，他们找出方法将已经存在的点连成线。许多情况下，他们从其他公司借入或买进专业知识与资产，去创造全新的解决方案。

——罗恩·吉布森

四　了解顾客需求

创新家通常拥有无限的好奇心。他们对一切事物感兴趣，特别是顾客和潜在顾客的需求。通过密切观察和学习，他们能发现创新的机会。他们通常会注意到顾客的挫折，而其他人却视而不见。

创新家在构思新点子时，总是以顾客为出发点。他们通过顾客的眼睛发现问题，再从顾客的角度设计解决方案，从而避免提出还要找问题的解决方案。

从顾客的角度设计解决方案的困难点在于，顾客在亲眼目睹产品之前，通常不知道自己想要什么。顾客不会要求还不存在的东西。你身为创新家的任务就是让自己融入顾客的环境，观察他们的感受和体验，再在这些真实世界资料的基础上，发现他们隐藏的需求，提供他们喜爱的解决方案。

在 20 世纪的大半时间里，大部分创新是由研发部门进行的。当供给大于需求时，这种方法运作良好，但是在 21 世纪的价值导向经济下，合理的做法是先确认顾客未获得满足的重要需求，再从顾客的角度出发找出符合成本效益的解决方案。

创意点子不会随意开花结果。在大多数时候，突破性想法来自一连串联想与联系，是长期累积的结果。具体而言，大部分突破性想法的产生通常包括以下 8 个步骤：

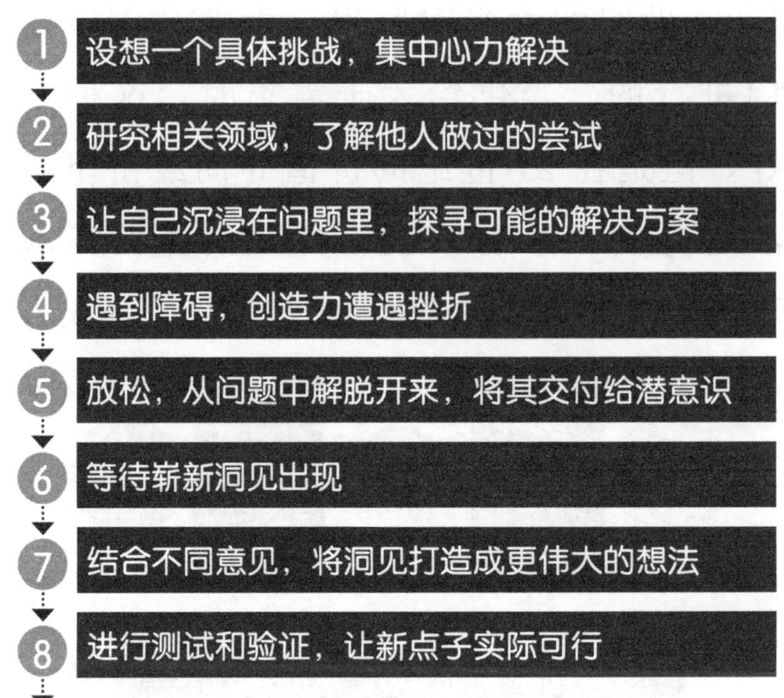

观察历史上所有伟大的创新家，你会发现他们大多采用以上步骤。以托马斯·爱迪生发明电灯泡为例：

◎ 爱迪生下定决心发明电灯泡。他怀着强烈的热忱和执着，和他的团队不分昼夜地工作了几个月。

◎ 爱迪生搜集他人花费庞大人力和经费尝试而留下的资料，以让他做不一样的事，而不是重复他人曾经做过的。

◎ 爱迪生和他的工程师试了将近 3000 种不同的灯丝材料。令人震惊的是这并不是特例，他在研发第一个碱性电池时，进行了将近 5 万次实验。

◎ 每当爱迪生感到撞上一堵墙时，他会趴在桌上打个盹儿。他也曾在午夜时分和整个团队围着长桌用餐，吃点心，喝啤酒或咖啡，说笑话，抽雪茄，唱歌。

◎ 爱迪生的实验室里塞满了机器、材料、化学品，以期激发有创造力的想法。实验室采用煤油灯照明，煤油燃烧后产生的物质称为灯烟，成分几乎100％都是碳。爱迪生在研究另一个项目时，边用手指揉搓一小块灯烟边思索，他突然联想到灯烟和焦油搅拌混合后，或许是不错的灯丝材料。

◎ 爱迪生稍早前曾经试过用炭当灯丝。因为大气中存在氧气，结果燃烧得太快。他后来领悟到，如果把灯泡内部抽成真空，炭灯丝就能持续更长时间。重要的是碳很便宜，容易制造而且电阻高。

◎ 爱迪生后来尝试用灯烟当灯丝，但仍然因为灯泡内存在氧气而太快烧完。他派助理到邻居家要来 1 卷蓝色棉线。爱迪生把棉线烘烤到变成纯炭，再将发丝般粗细的棉线炭放进灯泡，点亮。灯泡持续发光超过 40 小时——电灯泡诞生了。

虽然发明过程看起来一团混乱，而且似乎是随机发生的，但事实是历史上所有伟大的人物——像阿基米德、爱因斯坦和爱迪生——总是遵照这 8 个步骤。这个创新方法确实有用。

观察 8 步骤流程，就会发现获得崭新洞见（步骤 6）是通往成功的关键。其他步骤不是为洞见创造肥沃的土壤，就是在拥有了深入洞见后，辅助完善创新想法。及时抓住看似无解问题的解决方案是创新的关键。洞见使顿悟瞬间出现。换句话说，洞见是触发重要点子的扳机。

创新需要拥有产生高品质洞见的方法，并将洞见打造成突破性想法。从这个角度来看，“我发现了！”这一刻你察觉到了新突破性想法的可能性。“我发现了！”这一刻靠洞见点燃，以灵光乍现的联想为燃料，以解决问题的不同新方法为基础。

要提升个人和组织的创新能力，首先需要不断努力，稳定地产生一连串的世界级洞见。这些洞见将成为提出突破性想法的燃料。

持续产生一连串洞见的最佳方法是什么呢？可以利用以下 4 个工具：

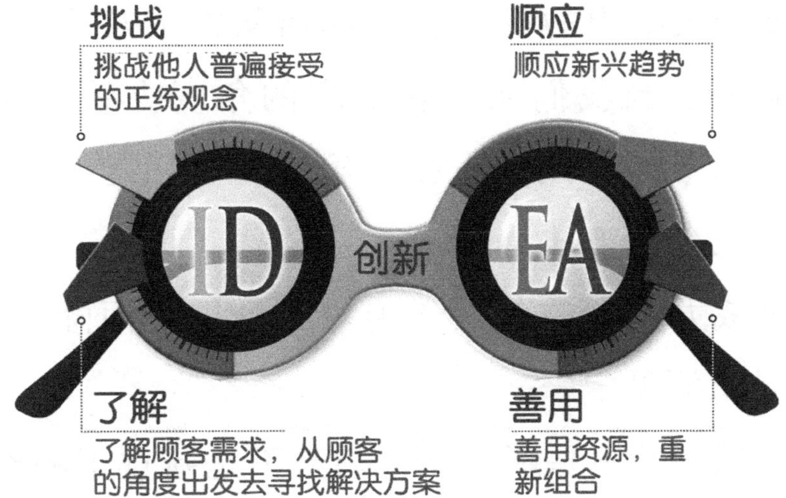

我们重视购买和使用宝洁产品的顾客，不只是因为他们付钱，还因为他们也提供信息和方向。如果我们能开发更好的方法向他们学习——在他们的日常生活中倾听他们的声音、观察他们，甚至和他们一起生活——我们的事业就更可能成功。每项工作都必须以创造顾客价值为起点。

——艾伦·拉夫雷，宝洁 CEO

我经常注意到一件事，那就是你必须从顾客体验出发，再从顾客的角度去寻找解决方案。你不能从解决方案出发，再尝试找出你的顾客。

——史蒂夫·乔布斯，苹果共同创办人

◆今天组织的挑战在于如何从技术及顾客的角度去创新。当我们从顾客需求的角度去看问题时，就可能看见可利用现有技术解决重要问题并满足无声需求的各种方法。

◆威力强大的新点子绝对不会凭空而降，新点子总是从洞见中来。

◆洞见并不是新点子，甚至不是新点子的确认，而是刺激产生新点子的启发性领悟。洞见是你以前不知道的，或不曾思考过的，拥有启发你和让你惊喜的力量。

◆若要提出足以带动戏剧性成长、开启未开发市场空间并瓦解现有产业商业模式的革命性想法，唯一方法就是先产生可用来激发点子的高品质原料——强有力的洞见。好消息是你的公司现在可以从顾客需求的角度出发，以谨慎和系统的方式发掘这些洞见。

——罗恩·吉布森

做个原创者

Originals

How Non-Conformists Move the World

原著作者简介

亚当·格兰特（Adam Grant），美国宾夕法尼亚大学沃顿商学院最年轻的终身教授，被评为“沃顿最受欢迎的教师”。研究成就、职场激励因素、职场行为。曾为广告业务总监、跳板跳水运动员、专业魔术师。毕业于密歇根大学、哈佛大学。

本文编译 黄玩

主要内容

5 分钟摘要

打破陈规，推动世界

要产生一个不落窠臼的构想，并采取行动去实现它，需要什么呢？

原创者会产生独一无二的构想并努力实现。与传统认知不同，原创者的 DNA 里并没有稀有的创意基因。事实上，原创者往往会做两件有趣的事：

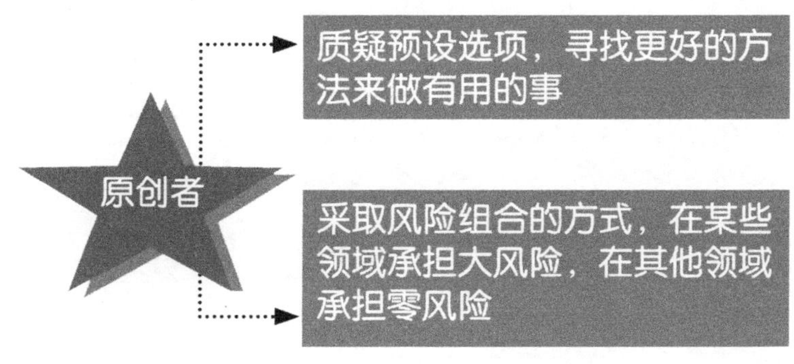

如果你渴望晋升为原创者，就不要执着于你的DNA，而应忙着做以下4件事：

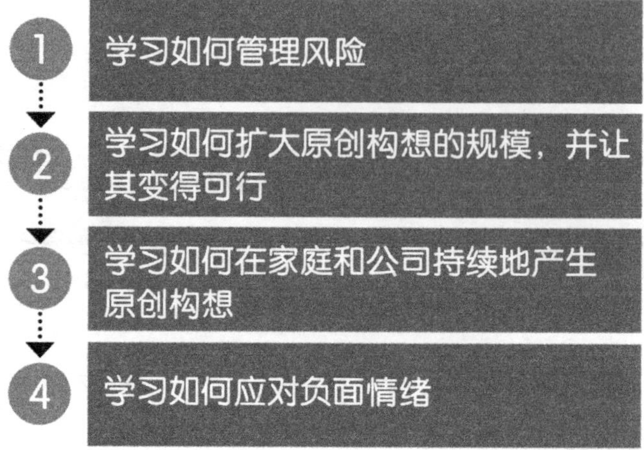

原创者会通过下列做法来缩短洞见与行动之间的距离：

一　管理风险

大家都重视产生创意——新奇且有用的点子，但这只是事情的一半而已。原创者还会主动出击让梦想实现。要拥有这样的能力，第一步就是找出管理风险的方法，然后学习如何发声，再采用原创的构想。

如果观察成功的原创者，你会发现他们在开始时通常会做两件事：

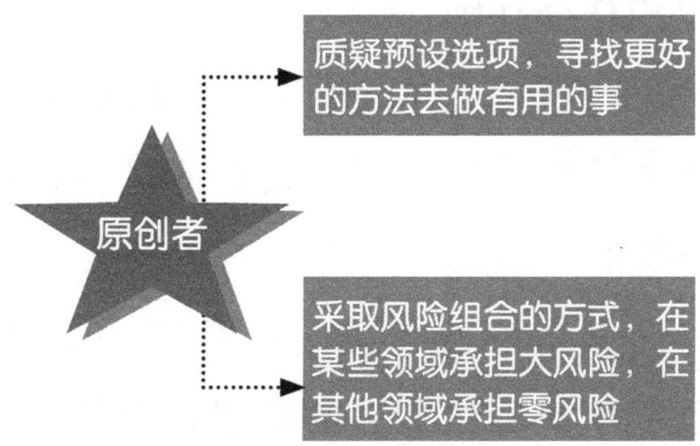

原创者从来不会单单接受预设的做事方法，他们会积极探索是否存在更好但尚未被大家发现的选项。

通过选择与众不同而不是亦步亦趋，原创者抗拒一味服从的社会压力，致力于推动形成更好的做事方法。

有一个深植于我们文化的认知，那就是原创者必须承担巨大的风险。人们认为只有原创者拥有正确的内涵，原创者离经叛道，是以不同的材料制成的，而且血管里流的是冰水。然而现实却不是这样。

对成功原创者的研究显示，原创者通常都会两面下注。他们在追求新构想的同时会保有白天的工作，而不是毫无退路地一头栽进去，例如：

◎菲尔·奈特于 1964 年创办 Nike，但直到 1969 年他仍担任会计师。

◎史蒂夫·沃兹尼克于 1976 年和史蒂夫·乔布斯一起创立了苹果公司，但其后他仍然在惠普继续工作了许多年。

◎拉里·佩奇与谢尔盖·布林于 1996 年已有 Google 搜索引擎演算法背后的构想，但是他们一直到 1998 年才离开研究所创立 Google。他们在早期阶段甚至尝试以200万美元把Google卖掉，以便回去继续从事研究，但是潜在买家拒绝了他们的这项提议。

◎ 莎拉·布蕾克莉在27岁时将她的全部积蓄5000美元投入生产露指裤袜，但其后仍继续做了2年传真机推销员的全职工作。如今，得力于Spanx的成功，她成为全世界最年轻的亿万富翁之一。

◎ 亨利·福特在担任托马斯·爱迪生的首席工程师的时候，创立了福特汽车公司。即便新公司已经拥有多项专利，他仍然在原岗位上又工作了2年多。

大多数原创者都会采取风险组合的方式。他们会在一个领域承担风险，追求自己的构想，但却会通过拥有一个稳定且风险极低的工作，来抵销追求构想的风险并保障他们的财务基础。原创者以个人财务的安全性来搭配高度的冒险行为，以此平衡整体风险。

新构想总是充满不确定性。对新构想去芜存菁通常是件困难的事，因为原创者会沉浸在他们的热情中而缺乏客观性。原创者并不善于判断自己的构想。如果你是某项事物的原创者，几乎都会对自己构想的市场潜力过度乐观、自信。

这种现象并不只出现在商业领域。在音乐界，贝多芬被广泛认为是具有洞察力的自我评价者，但他的判断只有约33%是对的。贝多芬认为会受欢迎的乐曲许多已经淡然消逝，而他认为属于二流的乐曲则变成了经典。

如果原创者完全不善于判断他们的构想，那他们又如何提高创造经典大作的概率？大多数原创者采取数量法则来提高成功概率——他们产出大量成果，走多样化路线，从而让原创作品有更多机会得到评价。

一般认为质与量只能二择一。如果你要取得更好的成果，你就应该做得更少，这种认识是错误的。实际上，历来成功的原创者都是大量制造成果再让市场选择哪些可以成为经典，例如：

◎莎士比亚创作了37个剧本，154首14行诗。现在，大约只有5部作品被认为是经典。

◎在古典音乐界，贝多芬创作了650首乐曲，莫扎特在35岁去世前创作了600首乐曲，巴赫则写了超过1000首。

◎托马斯·爱迪生在职业生涯中申请了1093

项专利，其中给他带来广泛赞誉的只有电灯泡、留声机、电话。

大多数人无法发挥创意是因为他们产生的构想不多，又执着地想让那些构想变得完美。相较之下，原创者则是产生一大堆构想，然后将被证明是最受欢迎的构想进一步发展。因此，判断你构想的最佳方式是向你的目标顾客收集反馈意见，而不是尝试自己做出判断。

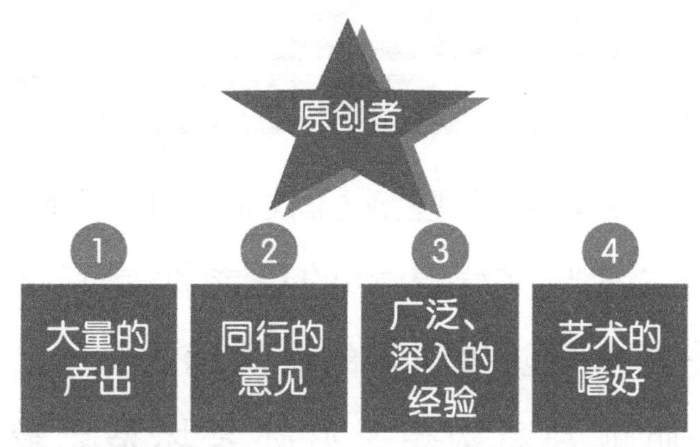

其他有用的反馈机制是请求你的同行或同事提供意见。他们对你构想的判断通常会比你好，因为他们有情感上的距离且更客观，而且还拥有领域的经验。如果你做的东西能够打动你的同行，那么你可能正在做一件好东西（但并非绝对正确）。

对于自己的特定领域，原创者通常拥有广泛的专业知识。当你具有那种等级的专业知识时，你就可能接受激进的创新构想。或者可以说因为知道得够多，你能够一眼认出真正有创意并且有用的构想。你可以扩大范围寻找选项。

一项针对 1901～2005 年获得诺贝尔奖的科学家的研究发现，比起表现平庸的科学家，诺贝尔奖得主明显可能参与文学艺术活动。

2人	音乐：演奏、指挥
7人	美术：漫画、素描、油画、雕刻
12人	写作：诗歌、戏剧、小说、非虚构
22人	表演：戏剧、舞蹈、魔术

明确来说，与那些成就较低的科学家相比，诺贝尔奖得主参与文学艺术的可能性是其 2～22 倍。艺术似乎成为原创和创新的有力助力。

要一听就判断构想是好还是坏是比较困难的。人们很容易在看到一个构想时用直觉说服自己它会大获成功，但往往市场证明是相反的。例如当狄恩·卡门开发平衡车赛格威时，史蒂夫·乔布斯称它是革命性创举。亚马逊的创办人杰夫·贝佐斯认为它本身有足够卖点。传奇的投资家约翰·杜尔注入 8000 万美元给赛格威，期待它成为史上最快速达到 10 亿美元销售额的产品。然而在推出 6 年后，赛格威总共只卖了大约 3 万台。

尽管赛格威引来狂热和话题，但问题的关键是创造价值的并不是产品而是人。赛格威的生产营销具有缺陷，它是一个在寻找问题的解决方案，而且所设定的价格又超出一般消费者可负担的范围，结果是赛格威从未真正起飞。

当你拥有一份原创构想但是没有权力或地位来将它付诸实施时，你该如何发声呢？有时你必须成为系统的一部分，借此为自己赢得发声的机会，然后从内部去改变它。有时，你可能得离开原组织，去某个能倾听你新构想的地方，以取得更多成果。还有一个非常不合常规的做法：“表现自己最糟糕的一面。”

当人们尝试推销某种构想时，通常会花许多时间说明好处，却花很少时间或完全不花时间去说明它的不足。强调你的优点并最小化你的不足，在你向支持团体说明时会有用。如果你是向某个怀有疑虑的团体进行推销，那么强调你构想的不足是比较好的方式。

当你突显自己构想的不足时：

◎你的观众会吃惊并卸下心防，他们会因为你显然并非尝试要卖任何东西给他们而放松。

◎你会看起来更聪明，因为你是在切实面对问题和挑战。

◎你会更容易被信任，因为你显然是实话实说，而不是粉饰事实。

◎你的构想更容易被人们喜欢，他们会开始思考解决方案，专注于评估构想的可行性，而不是评估你是多么优秀的销售员。

要让人们支持你的构想，你能做的另一件事是反复讲述它。在不同场合谈论你的构想，发言，完善，再重述。同行接触你的构想次数越多，就会越熟悉，接受度也会越高。熟悉不会带来轻视，只会带来舒适和认可。

◆起点就是好奇心：思索为何会有这样的预设选项。当我们体验到犹如初见的感觉时，我们会去

质疑预设选项。似曾相识发生在我们遇到一件新事物，却似乎感觉以前在哪里曾经见过，犹如初见则相反——我们面对的是某项熟悉的事物，但是从新的角度来看它，我们就可能发现绝佳的新构想。

◆创业家和发明家对自己的构想的成功概率必须有高度的自信，否则就不会有实现它们的动力。即使确实了解观众的喜好，他们还是容易陷入心理学家所称的“确认偏见”的误区：他们会专注于自己构想的优点，而忽略或漠视其局限。

——亚当·格兰特

二　扩大原创构想的规模

有别于一般认知，原创者几乎很少率先行动。他们往往选择积极拖延，以结成联盟，建立支援架构，做一些降低风险的事。要替你的原创构想取得支持，就需要招募合作者并设法将新旧融合起来。

当马丁·路德·金博士于1963年8月筹备华盛顿工作和自由游行时，他知道自己会是最后一个演讲者，而且他的演讲会在全世界的电视上播出。该游行已经进行了大约2个月的宣传，那么金博士是从什么时候开始准备他的划时代演讲的呢？他是在演讲的前一天晚上10点开始准备的。

和大家在学校学到的要及早开始做作业不同，有时候一点点策略性的拖延并不是坏事。为什么呢？等到最后一刻，你可以思考更多的可能性并收集更多不同来源的想法。如果有更好的想法出现，你也不会被先前的想法束缚住而不能动弹。

历史上一些最具原创性的思考者都是世界级的拖延大师：

◎达·芬奇花了将近16年才画好蒙娜丽莎。他花了许多年的时间进行实验，当他终于开始动手时，就把实验成果直接用在这张画上。

◎林肯有2周的时间用来准备他的盖茨堡演讲。但他在演讲的前一晚只写了一半的内容，在当天才写出后半部分。

稍微拖延一下，便可留下机会进行即兴创作，也会让有趣、崭新的可能性得以浮出水面。即兴创作会提升你所做的事的可靠性。

人们普遍认为在大多数竞争场合都存在显著的开拓者优势。实际上，在任何领域做开拓者，都是一件困难的事。作为开拓者，你会面临4种不利状况：

(1) 容易做过头——投资基础设施，最终却并未实现增长。开拓者很少能把复杂构想想清楚，而且容易偏离正轨并走进死胡同。

(2) 可能做出草率、冲动的决定，而后进者却可以从旁观察并从开拓者的错误中学习。如果等到市场冷却下来，通常就会出现更具持续性的概念。但开拓者可能具有雄心壮志，不顾一切地往前闯。

（3）没有机会改善他人现有的做法——反倒成为他人的借鉴对象。

（4）难以超越自己的第一代产品，而后进者却能够考虑到市场的变化和消费者喜好的转变。后进者能够瞄准利基市场，而开拓者却必须从头开始教育消费者。

虽然有这些不利状况，但开拓者有时也会有极佳的回报。成为开拓者并不是成功的必要因素，没有必要只为了击败其他人而赶着把产品上市，如同策略性拖延能够提高弹性和创造力，有时候延迟上市也可能对你有利。

相同的道理也适用于职业生涯。在许多产业都有新人或年轻天才出现，他们引进创新的构想而撼动既有的作业方式。这种状况频繁出现，以至于大家公认原创性和青春活力之间具有关联，其实重要的是用新鲜眼光看待事物，这被称为观念上的革新。

另一方面，任何领域的大师也能够高度创新。年长大师不会产生戏剧性的新概念，他们是试验型创新者，会通过多年研究，从试验和错误中学习解决问题。试验型的创新者会朝着研究结果所指的方向前进。

那该如何产生原创构想呢？

◎ 质疑预设选项并挑战现状，厘清如何将事情做得更好。

◎ 把构想数量增加3倍。在寻求原创性和创造性的同时，制造更多可用的材料。

◎ 把自己沉浸在一个新领域当中——学习新手艺，和别人换工作岗位，到国外居住，体验不同的文化……来拓展参考架构。

◎ 策略性拖延——暂停下来，给新鲜构想孵化、浮现的时间。

◎ 向同行寻求更多反馈。既然无法客观地判断自己的构想，那就把构想说给同行听听，看他们会有什么想法。他们会认出突破点。

扩大新颖、原创构想规模的最佳方法之一是结成同盟。提出原创构想并挑战现状，这意味着少数人要尝试改变多数人的看法。结成一个倡导或实现你构想的同盟，一切会有所不同。

原创者通常是团体中最激进的成员，而要和拥有中庸看法的其他人结成同盟，你的诉求就必须是不冷不热，刚刚好。你必须让你的诉求缓和到足以吸引盟友，甚至还可能招募到你的敌人。

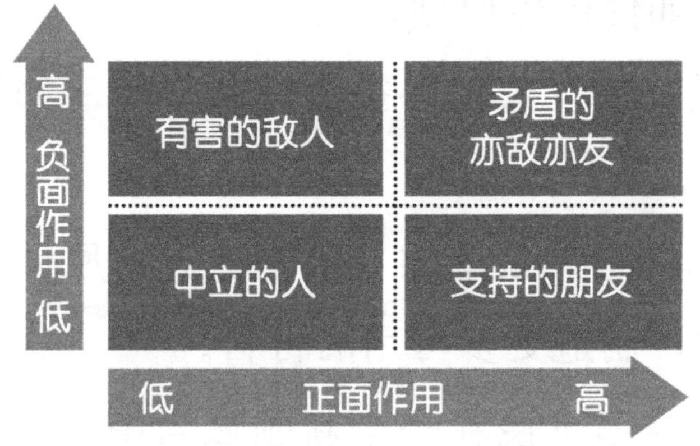

不要只把他人看成正面或负面，你必须同时观察其正负面。朋友会挺你——他们的负面作用低而正面作用高；敌人会积极地反对你，因此正面作用低而负面作用高；亦敌亦友的人就是那种忽冷忽热的人——他们有时候会支持你，有时候又不会。

结成同盟时，你一开始可能会接触亦敌亦友的人，不过问题是他们的承诺度不高。对于他们，你必须持续保持警惕并分析是否可以信任他们。先接触并与之合作，去对付共同的敌人。

如果你能够和敌人合作，他们则可能成为你的理想支持者。投诚的敌人也可能变成你最好的招募员，因为他们了解观望者的疑虑，并且能够提出对你有利且令人信服的观点。吸引你的敌人并找出共同点，是建立同盟最明智的策略。

这里可以采用“特洛伊木马”策略。如果你能够找到让你和敌人一起参与的新奇又原创的事物，你就奠定了未来同盟的基础。和敌人共同努力做事，之后你就能够处理更具争议性的事。

例如对好莱坞的电影创意来说，其生与死取决于编剧能否说服片厂高层接受他们的构想。在 20 世纪 90 年代初，一群迪士尼的编剧尝试说服片厂采用崭新的故事，而不是再改编灰姑娘或白雪公主等大家耳熟能详的故事。由于《狮子王》在一开始是以非洲版小鹿斑比的方式介绍给片厂高层杰佛瑞·凯森柏格，因此他当时有很大的疑虑。

一群编剧聚在一起进行头脑风暴，希望让这个构想变得更具有吸引力。后来他们认为《狮子王》比较像莎士比亚的经典剧《哈姆雷特》——叔父杀死身为国王的父亲，所以儿子必须为父亲复仇。“狮子版”哈姆雷特的想法确实新奇，最终该构想取得认可。结果《狮子王》让迪士尼赚得盆满钵盈，票房超 10 亿美元。

该如何推销原创构想呢？

◎平衡风险组合。如果在一个领域承担风险，在别的领域就要特别小心。

◎强调你构想的不足，卸下批评者的心防。

◎重述你的创意构想，让人们熟悉它。把构想和熟悉的想法联系起来，反复讲述。

◎尝试接触认同你的价值或方法但不友善的人，以获得盟友。

◎缓和你的激进程度。用比较传统的目标表达极端的构想，使之接近他人的观念。把你的提案包装成现有事物的延伸。

率先行动是战术而不是目标，即使有别人出现并

取代你的位置，成为开拓者对你也没有任何坏处。

——彼得·提尔

支付平台 PayPal 共同创办人

熟悉感会带来参考点，绝对的原创性会失去人心。必须向高层推销它，所以编剧们找到一些话题，让他们有着力点。

——罗伯·明科夫，《狮子王》导演

比起一直都喜爱我们的人，那些随着时间的流逝而逐渐喜爱上我们的人更受欢迎。一个人对我们的负面感逐渐转正，会比有人对我们一直保持正面感更有意义。

——艾略特·阿伦森，心理学家

◆要积累专业知识同时维持原创性，最佳方法就是采取试验性的态度。对于想要创造的事物，可以少一点规划，多积极尝试不同的试验性构想和解决方案。如果有足够的耐心，最终我们可能会撞见奇特且有用的事物。

◆我们最好的盟友并不是那些一直支持我们的人，而是那些一开始反对我们，而最后投入我们阵营的人。

◆编剧必须用狮子开场。如果他们当初用《哈姆雷特》开场，最后他们得到的会是莎士比亚的动画仿制版。用新奇的方式开场正是原创性的表现之一。在《狮子王》这个案例中，当制作人莫琳·唐利提出脚本可能类似《哈姆雷特》时，它带来的熟悉感协助高层把新奇的大草原脚本和经典故事联系起来。

——亚当·格兰特

三　寻找好构想

原创性并不限于你的工作，对自己的孩子、自己的组织你也应该培育原创性，鼓励大家只要一看到某件事做得不好就起来反抗。

听起来或许奇怪，事实上，你家中有多少兄弟姐妹以及你的排行，对你对风险的承受程度，以及最后能否成为原创者有不可忽视的影响。具体来说，相关研究已经显示：

◎家里老大和独生子女会得到父母最多的关爱，且管得较严，他们在成人的世界中成长。

◎对后面出生的孩子，父母难以专心照顾，结果他们向哥哥姐姐学习的时间会等于或大于向父母学习的时间。大家庭里后面出生的孩子会花较多的时间在同辈的世界里。

◎父母会疲于照管两个以上的孩子，因此后面出生的孩子通常会管得较松，他们可能做哥哥姐姐从来不敢做的事。

研究出生顺序的人已经证实，后面出生的孩子通常更可能投身职业体育、政界、科学界、商界，且在一般生活中乐于承担更大风险。尽管有这些观察结果，其模式也未必一成不变。父母可以做一些简单的事来让每一个孩子成长为原创者（即使是老大或独生子女）：

（1）不再严格执行纪律，管教宽松一点——孩子会多一些自由和自信，并开始自己做决定。

（2）鼓励孩子自己推理，自己行动，而不是每分每秒遵照父母的指令行事——当孩子做错时，帮助他们认识为何会出现那样的结果。鼓励孩子及早按自己的价值观行事。

（3）强调行为的结果——特别是对于别人的影响。帮助孩子了解其他人会期待他们以明智的方式采取行动。

（4）培养孩子对对与错的敏锐直觉——并协助他们了解拥有勇气和智慧就是要做对的事，而不是追随大众。

（5）让孩子建立道德标准——在他们做对事情

时赞美他们，而不是对他们所做的事进行评价。比如，“我看得出来你喜欢随时帮助他人，你长大后会是一个非常乐于助人的好人”。

（6）介绍一些优秀的榜样人物给孩子，并且让他选择一位自己所喜欢的——导师很重要，帮助你的孩子选择正确的榜样更是至关重要。马丁·路德·金博士就受到甘地启发，建立阿里巴巴的马云在孩提时代是《阿里巴巴与40大盗》的热情粉丝。以虚构角色做榜样和真实人物一样有效。

那么原创性最常见的敌人是什么呢？

群体思维倾向于寻求共识而非鼓励异议。当人们被迫服从主流观点而不是自我思考时，原创性就会受到损害。

对于群体思维的危害，宝丽莱公司的破产可算典型范例。宝丽莱的创办人艾德温·兰德在他的职业生涯中共获得了535项专利，仅次于爱迪生。宝丽莱是数字相机的早期开发商，在20世纪80年代末，其数字感应器的分辨率是其他竞争者的4倍。

宝丽莱在 1992 年已经拥有一台可以上市的数字相机，但是一直到 1996 年才愿意将它推向市场——此时已经有超过 40 个竞争者。宝丽莱的高层认为，人们想要的仍然是相纸的照片而拒绝拥抱数字技术，结果宝丽莱最后破产了。

要避免沦为群体思维的受害者，你必须及早培育原创性文化，即便组织持续扩张与成长，也始终拥抱它。

具体来说，预防群体思维的最佳方式是：

（1）雇用多元人才——刻意雇用具有不同想法和背景的人。雇用文化契合的人在大多数状况下是合理的，但是雇用不同文化的人也很重要。他们会从不同的角度看问题，提供更多的想法。一定要让你的组织拥有一些唱反调的人。

（2）允许员工拥有反对意见——公开并积极地鼓励他们发声。反对意见或少数观点长期下来有利于形成更多健全构想。如果每个人都认同前进方向，要感到紧张，因为那是你尚未考虑到其他角度和选项的征兆。要张开双臂欢迎反对意见。

（3）清楚表明你有一套关于所有构想的精选制度——不论提出者是谁，最佳构想总会胜出。当大家能自由分享奇特的想法而不会被迫服从老板建议时，你会有更高的可能性去考量竞争者没有想过的构想。别迎合高层的喜好，而是采用浮出水面的最佳构想。

（4）找出真正刻意唱反调的人——而不只是指定某人这样做。找出不同意多数意见的人，然后给予他们发声的自由。如果有人真心相信别的做法会更好，这会促使你更客观地看待事物。

（5）让员工说出他们的想法并找出问题——然后让他们合作提出最佳解决方案。企业界有时候有一种思维定势，即老板只有在你能够提出解决方案时，才会聆听你的构想，这是错误的。要更有原创性，就要欢迎反对人士，让员工提出问题。

（6）当员工提出有趣的构想时，让他们进行一些小型试验——然后观察结果。数据最有说服力，超越猜测、期望、意见、群体思维。要让好构想显出自身价值。

你该如何激发原创构想呢？

◎举办一场创新竞赛，赢家可以为他们的构想取得预算、团队、导师和支持。

◎想象自己是敌人，然后讨论如何将所有威胁变成转机。

◎邀请每一个人，甚至行政人员，来推销他们的构想并争取支持者。

◎设立反对者日——让你的员工选择一项假设，然后检视问题：“万一事实正好相反，该怎么办呢？”

◎禁止使用“喜欢、喜爱、痛恨”等词语——鼓励人们贡献新的构想，而不是只对别人提出的想法表示拒绝或接受。

争辩时要认为自己是对的，倾听时要认为自己

是错的。

——卡尔·威克，管理学学者

少数人的观点重要，不是因为那些观点很容易占上风，而是因为它们会引发各种关注和想法。即便是错误的，它们也有利于发现新奇的解决方案和决策。

——查蓝·奈莫斯，心理学家

正是那些细微差异造成陌生感和敌意。

——西格蒙德·弗洛伊德，心理学家

◆不管我们的出生顺序是什么，我们也可能成为原创者。我们喜爱故事的主角，因为他们选择非传统道路，启发我们的原创性。

◆当一般人列举他们的恐惧时，有一项比死亡更普遍：公开演讲。就像杰瑞·赛恩菲尔德的笑话一样："如果你必须参加一场葬礼，那么你肯定宁愿躺在棺材里也不想去致悼词。"

——亚当·格兰特

四　应对负面情绪

要追求原创性，就必须应对可能会阻止你前进的负面情绪。要用你的热情去克服恐惧和冷漠，缩短洞见与行动之间的距离。原创者的感受和每个人都一样，让他们有所不同的是无论如何他们都会采取行动。

违反常规行事无疑是件困难的事，通常这会是一部充满情绪起伏的戏码。要挑战现状，保持你的原创性，就必须找到管理自己情绪的方法。

要在条件对你不利的情况下继续前进，你可以这样做：

（1）成为防守性的悲观主义者，而不是策略性的乐观主义者。策略性的乐观主义者预期的是最佳成果，并对自己高度期待，而防守性的悲观主义者做最坏的打算并预期会有一场灾难。当状况并没有变得那么糟时，你会更积极。你的疑虑会带来启发，你会发现自己有能力处理最糟糕的情况。把恐惧当成朋友，你会表现得更好，这就是成为防守性的悲观主义者的威力所在。

（2）保持兴奋——在行动之前，你最好表明“我很乐于表现”，而不是“我很害怕这种事”。用兴奋的语气谈论一切，你会发现自己比较能够面对紧张局面。

（3）把你的灵感外包给别人——特别是那些直接受影响的人。沟通原创构想最鼓舞人心的方式是把它个人化，并且提出一个和大家都有关联的真实案例。

（4）知道何时该回首，何时该向前看——保持你的战斗热情。如果你的承诺正在动摇，就回头看看自己已经走了多远。如果大家都蓄势待发，就看看还有哪些有待完成的工作。

（5）在适当的时候生气——几乎总是能抵消冷漠。诀窍在于别只是戴上一副生气的面具，而是要真心诚意地让你的怒气鞭策你做得更好。体验愤怒然后继续工作。

那么该如何管理情绪呢？

◎当你决心投入时，要专注进度并缩短进度与目标之间的差距。当你犹豫不定时，就想想你目前已经达成的进度并继续努力。

◎如果你感到紧张，就接受它，想想可能带来的正面效果。

◎面对不公平时，对加害者生气只会浪费时间，要思考如何帮助受害者。

◎即使只有一个盟友也行。找到一个相信你并且愿意和你一起挑战困难的人。

◎如果你拥有控制权，就要发声，不然退出或许是最好的前进方式。

又该如何建立原创性的文化呢？

◎在雇用人员时，要找会做出贡献的人。

◎进行到职面谈——向你的新员工寻求洞见和新奇的概念。

◎让员工提出他们看到的问题，即使尚未找到可行的解决方案。每月一次聚在一起，找出有哪些需要解决的问题。

◎不要指定人唱反调，而是要找出总是唱反调的人，要找出真正反对的人。

◎邀请员工公开批评你，并且让他们知道不会因此失去工作。这表明即使公开沟通也一样会得到重视。

在追求幸福时，我们许多人选择安于现状，原创者则是投身艰苦的战斗，努力让世界变成它可能的样子。为了改善世界，原创者或许暂时放弃了一些乐趣，然而长期下来，他们有机会创造一个更美好的世界。这样做——借用心理学家布莱恩·里托的说法——会带来不同形式的满足。要追求幸福，成为原创者并不是最容易的方式，但是它却让我们随时都拥有追求的幸福感。

——亚当·格兰特